Dietmar Grieser

Gustl, Liliom und der dritte Mann

Ein literarischer Praterspaziergang

Kremayr & Scheriau

Die Deutsche Bibliothek – CIP-Einheitsaufnahme
Grieser, Dietmar:
Gustl, Liliom und der dritte Mann: ein literarischer
Praterspaziergang/Dietmar Grieser. –
Wien: Kremayr und Scheriau, 1992
ISBN 3-218-00550-7

© 1992 by Verlag Kremayr & Scheriau
Lektorat: Brigitte Hilzensauer
Schutzumschlagentwurf: Kurt Rendl, Wien
Gestaltung: Rudolf Kasparek
Satz: datacon, Phorusgasse 8, 1040 Wien
Reproduktionen: Beissner & Co., Wien
Druck und Bindung: Wiener Verlag, Himberg bei Wien
ISBN 3 218 00550 7

Inhalt

Von Hutschenschleuderern, Schiebern und Kanzlisten

Wien-Bummler der anspruchsvolleren Art lassen den Prater gern links liegen. Wenn sie nicht gerade ein spezielles Faible für Rummelplatzatmosphäre haben oder aber mit Kindern zu Gange sind, die unter allen Umständen auf einer Runde mit der Grottenbahn und einem Kräftemessen mit dem „Watschenmann" bestehen, werden sie es in der Regel bei einer Fahrt mit dem Riesenrad bewenden lassen und im übrigen an dem einstmals kaiserlichen Jagd- und Vergnügungsrevier zwischen Donaukanal und Donaustrom, das sich heute als grellbunter Mix aus Auwald und Reitbahn, aus Messegelände und Hafenzufahrt, aus Hundedressuranstalt und Gasthausgarten, aus Autodrom und „Autostrich" darstellt, wenig Anziehendes finden.

Der Literaturfreund kann sich solchen Snobismus nicht leisten, brächte er sich doch um

Von Goethe bis Graham Greene:
der Prater als literarischer Schauplatz

den sublimen Genuß, unter der Führerschaft
so exquisiter Ortskenner wie Adalbert Stifter,
Arthur Schnitzler, Felix Salten, Stefan Zweig,
Heimito von Doderer und Graham Greene in
Bezirke vorzustoßen, die zwar wenig vom Gla-
mour des „schönen" Wien an sich haben, dafür
aber umso überraschendere Einblicke in die
Nachtseiten der Millionenstadt gewähren. Hier,
in dieser teils morbiden, teils aber auch immer
noch herrlich naturbelassenen Vorstadtland-
schaft, von deren Pforte zur „Stadt", dem
eigentlichen Wurstel- oder Volksprater, sogar Goethes Faust (in der Walpurgisnacht)
schwärmt, erschließen sich dem Spaziergänger
die vielschichtig-schillernden Reize einer Frei-

zeitwelt, die ihm auf den „klassischen" Wien-Routen zwischen Stephansdom und Staatsoper, zwischen Grinzing und Schönbrunn verborgen bleibt. Mit dem „Dritten Mann", mit Molnárs „Hutschenschleuderer" Liliom, mit dem Reserveoberleutnant Friedrich Michael von R. (aus Stefan Zweigs Novelle „Phantastische Nacht"), mit Schnitzlers Leutnant Gustl, mit dem Fabrikanten Donald Clayton und dessen Kanzleichef Josef Chwostik (aus Heimito von Doderers Roman „Die Wasserfälle von Slunj") oder mit Adalbert Stifter („Bilder aus dem alten Wien") das Riesenareal des Praters zu durchstreifen, ist ein Abenteuer, das sich allemal lohnt: Literaturgeschichte, die sich zur Sozialgeschichte weitet.

Hutschenschleuderer und Wurstel:
Prater-Erkundung ist immer auch ein Stück Sozialgeschichte

Für den Pointillisten Stifter ist der Prater noch reines Idyll, für den erlebnishungrigen Salten schon pittoreskes Spektakel, für den Psychographen Zweig vollends ein magischer Ort, der Extremsituationen heraufbeschwört und Schicksal spielt. Doderer wiederum hat's die besondere Exotik dieser „Reservation am Rande des täglichen Lebens" angetan, und Graham Greene, weniger subtil in der Anrufung des genius loci, findet in den Gondeln des Riesenrads die perfekte Krimi-Kulisse mit Nachkriegs-Flair.

Je nachdem, wessen Spur der Spaziergänger aufnimmt, bieten sich ihm also die verschieden-

„Reservation am Rande des täglichen Lebens":
der Prater in den zwanziger Jahren

sten Möglichkeiten an, sich diesem Areal zu
nähern, das zwei Drittel des 2. Stadtbezirks
(von insgesamt 23) einnimmt, und es bleibt ihm
die Wahl, sie entweder samt und sonders nachzuvollziehen oder nur einzelne oder aber eine
individuelle Kombination aus ihnen allen.

»Laß sie drollen und jubeln«

„Die schlechte stinkende Luft, der Lärm und vor allem mein Herzweh sagen mir, daß ich in Wien bin", klagt der vierundzwanzigjährige Jus-Student aus dem Böhmerwald, Adalbert Stifter, am 1. Oktober 1829 in einem Brief an seine verhinderte Braut Fanny Greipl. In späteren Jahren wird er sein Urteil revidieren: Erst dem Privatlehrer, Maler und Dichter erschließen sich die vielfältigen Reize der Haupt- und Residenzstadt. In den Sammelbänden „Wien und die Wiener in Bildern aus dem Leben" sowie „Aus dem alten Wien" wird er ihren Herrlichkeiten huldigen – und eine dieser Herrlichkeiten ist der Prater.
Obwohl unterdessen anderthalb Jahrhunderte verstrichen sind, kann man Stifters Praterwanderung immer noch präzis nachvollziehen, und es hat sogar seinen besonderen Reiz, ihre einzelnen Stationen mit deren Beschaffenheit zur

Zeit des ausklingenden Biedermeier zu vergleichen. Mitunter genügt es, bloß die Worte auszuwechseln: Fiaker gegen Auto, Feuerroß gegen Schnellbahn, Kosmorama gegen Planetarium, Bänkelsänger gegen Jukebox. Denn die Situation ist damals wie jetzt durchaus die gleiche: neuer Wein in alten Schläuchen. Sogar Stifters Definition, mit der er seine Studie „Der Prater" eröffnet, hat die Zeiten überdauert, hat nichts von ihrer Gültigkeit eingebüßt:

99 Wenige Hauptstädte in der Welt dürften so ein Ding aufzuweisen haben wie wir unseren Prater. Ist es ein Park? „Nein." Ist es eine Wiese? „Nein." Ist es ein Garten? „Nein." Ein Wald? „Nein." Eine Lustanstalt? „Nein." – Was denn? „Alles dies zusammengenommen." Im Osten der Stadt Wien liegt eine bedeutende Donauinsel, ursprünglich ein Auland wie so viele Inseln der Donau, wo sie Flachland durchströmt, aber im Laufe der Zeit zu einem reizenden Gemisch geworden von Wiese und Wald, von Park und Tummelplatz, von menschenwimmelndem Spazierplan und stillster Einsamkeit, von lärmendem Kneipengarten und ruhigem Haine. 66

„Menschenwimmelnder Spazierplan":
Prater-Entree anno Stifter

Wir starten bei der U-Bahn-Station Schweden-
platz, überqueren den Donaukanal auf der
Schwedenbrücke (in deren Namen die Erinne-
rung an die großzügige schwedische Hilfe für
hungerleidende Wiener Kinder nach dem Ersten
Weltkrieg fortlebt und deren Vorgängerin, 1909
abgetragen, dem Kronprinzen Ferdinand gewid-
met war) und gehen, statt geradeaus in die
Taborstraße, halbrechts in die Praterstraße
(die zu Stifters Zeiten Jägerzeile hieß):

99 Die ganze schöne, ungemein breite
Straße ist bedeckt mit einem schwarzen Strom
von Menschen, so dicht wellend, daß, wenn

man jemandem sagte, er bekomme ein Herzogtum unter der Bedingung, daß er die ganze Straße entlang gehe und an keinen Menschen streife, er sich dasselbe nicht verdienen könnte. Mitten in diesem Menschenstrom, wie Schiffe im Treibeis, gehen die Wagen, meist langsam, oft aufgehalten und zu vielen Minuten lang ganz stillstehend, oft aber, wenn die Wagenlinie Luft bekommt, aneinander und an der ruhiger wandelnden Menge der Zuschauer hinfliegend. Hie und da, hervorragend aus dem Meere der Fußgänger, bald hin, bald her, die Wagenreihe vorüber, hüpfen die Gestalten der Reiter, und die meist prachtvollen Häuser dieser Straße stehen zu beiden Seiten ruhevoll aus dem schiebenden Menschengewimmel empor, und ihre Fenster und Balkone sind besetzt mit unzähligen Zuschauern, um den glänzenden Strom unter ihren Augen vorüberfluten zu sehen und sich an Pracht und Schimmer und Flitter zu ergötzen. 66

Die Jägerzeile alias Praterstraße bringt uns mit einer ganzen Reihe berühmter Namen in Berührung: Im Haus Nr. 16 ist am 15. Mai 1862, sechs Jahre vor Stifters Tod, Arthur Schnitzler zur Welt gekommen; am Carl-Theater (Nr. 31, im Jahr 1944 zerbombt) sind Ferdinand Raimund und Johann Nestroy aufgetreten; und

Straße der großen Namen:
die Jägerzeile

im Haus Nr. 54 hat Johann Strauß 1867 den
Donauwalzer komponiert.
Nicht weniger als sieben Straßen (und eine
davon ist unsere Praterstraße) münden in den
Verkehrsknotenpunkt Praterstern. Dort ange-
langt, mischen wir uns ins Getümmel des Nord-
bahnhofs und delektieren uns an Stifters
Schilderung der „Kaiser-Ferdinands-Nordbahn",
die in Betrieb genommen wurde, als unser
Dichter gerade zweiunddreißig geworden war:

99 Endlich ist die lange Jägerzeile doch
zu Ende, und die Straßen fahren wie in einem
Stern auseinander, und der Menschenknäuel
lüftet sich. Fähnlein auf hohen Stangen wehen

und weisen dem Wanderer verschiedene Wege; das zu unserer Linken trägt auf seiner flatternden Zunge hoch in den Lüften den Namen „Ferdinands-Nordbahn", und wirklich fliegen auch Wagen, dicht mit Menschen besetzt, dem linksstehenden Gebäude des Bahnhofes zu, wo schon die Feuerrosse, pfeifend und schnaubend, stehen, um eine endlose Wagenreihe hinaus in das Marchfeld oder gar nach Brünn zu führen, das durch die Schnelligkeit dieser Rosse zu einer unserer Vorstädte geworden ist. 66

Wir verlassen das Bahnhofsgelände und treten in den unmittelbar dahinter liegenden Vergnügungspark Volksprater ein, dessen größter Reiz für den auf Stifters Spuren Wandelnden darin besteht, die Rummelplatzattraktionen von einst mit denen von heute zu vergleichen:

99 Auf dem Rasenplatz stehen die hölzernen Hütten der Menagerien, und auf riesengroßen Leinwänden sind die Ungeheuer noch fürchterlicher gemalt, als sie selbst drinnen sind, und diese Gemälde und das fremde Schreien und Pfeifen und Girren und Brüllen im Innern lockt die Leute, daß vor dem Eingange stets ein dichtes Gedränge ist und in den glän-

„Pfeifende und schnaubende Feuerrosse":
der Nordbahnhof um 1900

zenden Blicken der Kinder und der Landmäd-
chen sich schon das lebhafte Verlangen malt,
zu sehen, was denn drinnen ist. Auf dem
Rasenplatz stehen auch noch Buben mit Früch-
ten und Gebäck, ein Kroate mit Schwamm und
Feuersteinen, ein Mann mit Spazierstöcken und
einer mit einem Leierkasten und einem Hund
darauf, der gar aufrecht stehen und mit dem
Schwerte in seiner Pfote schultern kann. Da
sind alle möglichen Kosmo-, Pano-, Dioramen;
alles, was je berühmt war, steht von Wachs in
jener Hütte. Einer läßt sich sehen, weil er zu
groß, ein anderer, weil er zu klein ist; einer
frißt Feuer, ein anderer speit Seidenbänder,

„Sehen und gesehen werden“:
Praterbesucher zu Stifters Zeiten

„Einer frißt Feuer, ein anderer speit Seidenbänder":
Rummelplatzattraktionen anno dazumal

und auf der Brust eines dritten wird wie auf einem Amboß schrecklich gehämmert, und darunter schallt das Klopfen und Klingeln des Wurstels, der in seiner hohen, schmalen Bude eben wieder sein neues Spiel beginnt. 66

Verlassen wir den Bezirk der Loopingbahnen und Autodrome, der Schaubuden und Spielhallen über einen der rechter Hand ins Grüne führenden Seitenwege, so gelangen wir in die viereinhalb Kilometer lange Hauptallee. Hier freilich, mit Stifters Text in der Hand, wird es nicht ohne Ernüchterung abgehen: An die Stelle der prachtvollen Paraden und Korsos (die im derzeit geschlossenen Pratermuseum hinterm Riesenrad opulent dokumentiert sind) sind die formlosen Aktivitäten der heutigen Freizeitgesellschaft getreten: der Spaziergänger, der Radfahrer und der Jogger.

99 All diesen Dingen vorüber geht der hauptsächliche Menschenstrom in die sogenannte Hauptallee hinein, denn dort ist heute die höchste und niederste Wiener Welt zu sehen: Was an Pracht der Kleider, der Wagen und Dienerschaft nur immer Laune und Reichtum ersinnen konnte, ist heute in der Hauptallee zu sehen. Zu beiden Seiten sind schattige Alleen,

Das Spiel kann beginnen:
Wurstelbuden um 1840

eine für die Fußgänger, die andere für die Reiter; mitten in der Straße fahren die vielen tausend Wagen, einer hart an dem andern, der
Sicherheit wegen auf einer Seite hinab, auf der
andern hinauf, und diesen Kreis machen viele
oft mehrmals, um zu sehen und gesehen zu
werden – das ist denn nun eigentlich der Ort,
wo sich augenbetäubend Farbe an Farbe
drängt, Reiz auf Reiz, Pracht auf Pracht, Masse
an Masse, Bewegung auf Bewegung, so daß
dem schwindelt, der es nicht gewohnt ist. Zu
beiden Seiten der Straße stehen dichtgedrängt
die Zuschauer, und hinter ihren Rücken wogt
der bunte Strom der Spaziergänger. 🙶

Wer Glück hatte, konnte zu Stifters Zeiten sogar die höchsten Herrschaften des Hofs durch
die Prater-Hauptallee fahren sehen:

   ,, Sieh, was reißt dort alles die Hüte ab
die ganze Linie entlang? Sechs Schimmel zie-
hen einen schönen Wagen – wer sitzt darinnen?
Der Kaiser und die Kaiserin! Du wunderst dich?
Hast du dies in Paris nicht gesehen? Hier grüßt
man und staunt nicht, daß sie wie Private unter
Privaten fahren; man ist es gewohnt, und sie
wissen, daß sie im dichtesten Volksgedränge so
sicher sind wie in ihrem Palaste. ``

Die heutigen Staatsspitzen ließen sich nicht
einmal in Wahlkampfzeiten, wo ihnen bekanntlich jegliches Forum willkommen ist, hier blik-
ken – allenfalls im nahen Praterstadion
mischen sie sich zuzeiten, am Rande großer
Sportereignisse, unters Volk.
Wenn uns der Sinn nach Labung steht, können
wir, der Hauptallee in Richtung Lusthaus stadt-
auswärts folgend, linker Hand in einem der
Gartenlokale einkehren:

   ,, Links am Wege stehen Restaurations-
häuser, die sogenannten Praterkaffeehäuser;

„Erquicke dich, dann geh zu Bette":
Pratergasthaus in der zweiten Hälfte des vorigen Jahrhunderts

aus ihnen erschallt Musik; unter den Bäumen
stehen viele tausend Sessel, überwuchert mit
geputztem Menschengestrüppe – das redet, das
lacht, das braust, das klingelt an die Gläser,
ruft nach Kellner und Marqueur.❞

In der Schilderung der Pratervergnügungen der
einfachen Leute erweist sich Stifter als Mann
von wachem sozialem Empfinden:

❝ Das ist echte, gesunde Volkslust, die
sich das Volk selber gibt und die ihm wohlbe-
kommt; laß sie drollen und jubeln, und mitunter

derb, denn diese da brauchen den Wein der
Freude etwas stark und sauer, weil er die
ganze folgende dumpfe Arbeitszeit nachhalten
muß, die sie zu überstehen haben, bis wieder
ein Fest kommt wie das heutige – darum freut
sich auch der Arbeiter wochenlang darauf, und
er ließe es nicht aus, er läge denn auf dem
Sterbebette, und ich denke, da schon ein guter
Teil der Menschen dazu verurteilt ist, nament-
lich in der Stadt, seine meiste Lebenszeit in
dumpfen, engen Werkstätten zuzubringen mit
einem dumpfen, engen Geiste, so darf man es
ihm wohl gönnen, ja man soll ihn dazu ermun-
tern, daß er auch einmal sein Auge auftue,
seine Seele erweitere und Lust und Freude wal-
ten lasse. 66

In einem Punkt, bei dem Stifter mit besonderer
Liebe verweilt, werden wir das heutige Prater-
treiben verarmt finden: Die Musik – sie kommt
nur noch aus der Konserve. Orchestrion, Laut-
sprecheranlage und Transistorradio haben den
ambulanten Straßenmusikanten verdrängt (der
dafür in der Fußgängerzone der Innenstadt,
insbesondere in der Kärntner Straße, ein umso
vehementeres Comeback feiert):

„Gebackene Hühner mit dem zartesten Salate und ein nicht
gar bescheidenes Fläschchen alten Nußbergers“:
Einkehr im Pratergasthaus

"Bänkelsänger, Harfenist und Leiermann":
Praterszene à la Stifter

99 Wien ist die Stadt der Musik – daher auch hier Musik genug: türkische, der Leiermann, der Harfenist und Bänkelsänger, schwärmerische Handwerksgesellen mit Gitarren, dort zwei Jungfrauen, die eine Romanze absingen, ewig um eine Quint voneinander abstehend wie zwei parallele Linien, heimkehrende Freundschaftsketten, die den Rinaldo Rinaldini singen, hie und da in den Händen eines Knaben eine Harmonika – und nun kommen auch noch die Zigeuner, seltsame, starre Gesellen, ein Traum aus einer urfrühen Zeit der Weltgeschichte übriggebliebene Gestalten, unberührt von der Gegenwart; darum wirst du gleich hören, wie sie, und wären sie schon ein Menschenleben lang im Prater gesessen, dennoch unberührt von dem Geist und der Weise unserer Töne ihr uraltes Klingen anheben, feurig-melancholisch wie ihr Auge und phantastisch verworren hin-

schlürfend wie der Faden ihrer Geschichte durch die andern Schicksale der Welt, und in den höher ziehenden Tönen ihrer Geige ist ein Klagen und Trotzen, daß es mir immer unheimlich werden will, mich aber dennoch nicht fortläßt von dieser eigentümlich glühenden Poesie. 66

Sobald auf unserem Weg in Richtung Lusthaus die Rotundenallee erreicht ist, verlassen wir rechter Hand die schnurgerade verlaufende Hauptallee und spazieren nach Lust und Laune durch das weitläufige Wander-, Liege- und Picknick-Areal rund um die Jesuitenwiese. Hier genießen die Wiener heute – am malerischsten wohl die orientalischen Neubürger mit ihren kinderreichen Familien – ein Stück domestizierter Natur:

99 Wir wandern nun auf schmalen Pfaden durch Gebüsche, treten jetzt auf Wiesen heraus, mit großen, schönen Bäumen besetzt; die Abendsonne streift mit roten Fäden durch Laub und Zweige, und die Amsel und der Fink schlagen ihr frisches Lied, der Hase läuft durch das Gras. Von der großen Stadt ist nicht ein Pünktchen sichtbar, und es wird uns schwer, zu glauben, daß wir noch vor einer halben

„Wiesen – mit großen, schönen Bäumen besetzt":
Praterpicknick um die Jahrhundertwende

Stunde im dichtesten Gewühle waren. Die
Rüstern und Silberpappeln, den Lieblingsbaum
der Donauinseln, würdest du kaum irgendwo
anders in solcher Größe und Stattlichkeit an-
treffen als hier, wo er so geschont wird, daß
man keinen schlägt, als bis er gestorben ist, so
daß er sich ausbreiten und entwickeln kann
und in diesem lockeren und fetten Boden bis
zur Grenze seines höchsten Alters gedeihen
mag. Der Wiener liebt aber auch diesen schönen, riesengroßen, breitkronigen Baum seiner
Heimat gar sehr, und ich würde es keinem
raten, daß er in Gegenwart von Spaziergängern
einen dieser Bäume beschädigte.“

Es gilt Abstriche zu machen. Die idyllische Praterfauna, von der Stifter schwärmt, werden wir heute vergeblich suchen:

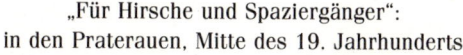 Ganz nahe an der geputzten Menge steht ein Hirsch, das stattliche Geweih zurück- haltend und mit den dumm-klugen Augen in das Gewühl glotzend; er hat es wohl oft gesehen, aber so toll nicht wie heute, darum schaut er

„Für Hirsche und Spaziergänger": in den Praterauen, Mitte des 19. Jahrhunderts

auch einige Augenblicke und geht dann wieder in seine Auen zurück. Auch von den Menschen wundert sich keiner, denn sie wissen es ja: Der Prater ist für die Hirsche und Spaziergänger. 66

Auch den weiten Weg ans Donauufer, an dem Stifter noch die Badenden sich tummeln sieht, können wir uns schenken: Wo anno dazumal die diversen Schwimmschulen das Stromufer säumten, tobt heute der Autoverkehr des Handelskais:

99 Wir wollen nun noch weiter vorwärts gehen, bis wir an das Donauufer gelangen. Hier links an diesem Damme stehen die Gebäude der Schwimmschule; diese andern hölzernen Häuser auf Flößen sind lauter Bade- und Schwimmanstalten und im Sommer lebhaft besucht. Hier mündet sich schon ein größerer Donauarm herzu, und da, wo du die vielen Pflöcke im Wasser stehen siehst, ist das sogenannte Freibad, ein Platz, der mit gespannten Tauen eingefangen ist, innerhalb denen jeder baden kann. 66

„Im Sommer lebhaft besucht":
Schwimmschule an der Donaulände

Stattdessen beherzigen wir den Rat des Dichters und treten, „betäubt und zerschlagen von
dieser Partie, die wir mit solchem Ergötzen begonnen haben", den Rückweg an, bewegen uns
auf den Donaukanal zu und gehen schließlich
flußaufwärts die Schüttelstraße entlang, bis wir
bei der Rotundenbrücke eintreffen und von dort
mit dem Bus in die Innenstadt zurückkehren.
Was dem „lieben Fremdling" jetzt noch „not-
tut", findet er auf der Speisekarte so manchen
Lokals: „gebackene Hühner mit dem zartesten
Salate und ein nicht gar bescheidenes Fläschchen alten Nußbergers". Und bis serviert ist,
führe sich der Gast Adalbert Stifters Abschieds-
gruß zu Gemüte:

„Von der großen Stadt ist nicht ein Pünktchen sichtbar":
Schiffsanlegeplatz am Rande des Praters

99 Erquicke dich, rede noch eines mit
uns, und dann geh zu Bette, aber hab acht, daß
dich nicht Träume wecken und du dich etwa
mit dem Bette im wahnsinnigen Menschenkrei-
sel gedreht findest oder in demselben lächer-
lich im Prater auf und ab schwimmst, etwa gar
im Hemde, was dich sehr kränken würde. Gute
Nacht. **66**

Bilderbögen
des
kleinen Lebens

Der Prater ist ein besonders von den Autoren
der Belle Epoque gern genützter literarischer
Schauplatz – und das vor allem dort, wo sie
selber dem Typus des Lebemanns oder Bohe-
miens zuneigen. Peter Altenberg, der sentimen-
tale Anbeter der Jungmädchenschönheit,
siedelt etliche seiner „Bilderbögen des kleinen
Lebens" zwischen Liliputbahn, Nobelrestaurant
„Eisvogel" und verschwiegenen Parkbänken an;
der Erotomane Arthur Schnitzler läßt den Soldaten und das Stubenmädchen aus dem 2. Bild
des „Reigen" auf einem „Weg, der vom Wurstelprater aus in die dunkeln Alleen führt", und bei
den „Klängen vom Fünfkreuzertanz, einer ordi-
nären Polka" zueinander finden; und Felix Salten, dem bekanntlich auch der (wohlweislich
anonym erschienene) Wiener Vorstadtporno
„Josefine Mutzenbacher" zugeschrieben wird,
widmet der „Dame ohne Unterleib" und dem

„Viele tausend Sessel, überwuchert mit geputztem
Menschengestrüppe":
Pratergasthaus um 1900

„Strizzi", der „Kraftmaschine" und der „Wahr-
sagerin", dem „Gebirgsriesen" und all den andern Rummelplatzfiguren gar ein ganzes Buch,
das er kurzerhand „Wurstelprater" nennt.
Mit Felix Salten als Führer ausgewählte Prater-
Attraktionen zu inspizieren, bereitet auch heute
noch Spaß – nur muß man sich dabei mit jenen
begnügen, die die Zeiten (das Buch „Wurstelprater" ist 1911 erschienen) überdauert haben.
Es empfehlen sich die besonders pointierten
Kapitel „Schießen angenehm" und „Kellner".
Wir starten wieder bei der U-Bahn-Station Praterstern, peilen bei unserem Bummel durch den
Vergnügungspark eine jener letzten Schießbuden an, die noch in Betrieb sind, und lassen
uns mit Salten auf ein Viertelstündchen verglei-
chende Sozialpsychologie ein:

💬 Wenn die Aristokraten sich „eine Hetz" machen wollen, spielen sie Volk und kommen in den Wurstelprater, fahren im Ringelspiel, lachen in den Buden vor der Daphne und vor Astarte, dem Wunder der Luft, gehen zu den Schießhütten und versuchen Gewehre. Aber das gehört nicht für sie. Ihnen ist es gegönnt, draußen in ihren Wäldern zu jagen, auf die Pürsch zu gehen, „wann der Auerhahn balzt", und nach Bären zu schießen. Hierher kommen die anderen, die nur auf Bildern eine Jagd gesehen, die vom „edlen Waidwerk" nur lesen, die nur träumen können von „Hochwild" und von „Beute", von „Waidmannsheil" und „Halali". Diese Buden sind ihr Revier. Da neh-

Liliom läßt grüßen:
Luftballonverkäufer um 1910

men sie das Gewehr zur Hand und zielen nach
Hirschen aus Pappendeckel, nach Adlern aus
Blech, nach Bären aus Holz, sind Jäger für
kurze Minuten, haben Glück oder Pech und
freuen sich, daß sie es auch könnten, wenn's
ihnen nur beschieden wäre. Sie sind stolz auf
ihre Talente und lächeln versöhnt über die
Glücklichen, die draußen im Forst mit Pulver
und Blei nach Fleisch und Blut knallen dürfen.
Ich habe einen Burschen beobachtet, der Tag
um Tag zu einer Bude kam, um den Adler zu
schießen. Er war in seinem ganzen Leben nicht
auf der Jagd gewesen. Aber er trug einen grünen Rock, einen Jägerhut mit Spielhahnfedern.
Später kam er mit einem kurzen Hirschfänger

„Laß sie drollen und jubeln“:
Praterringelspiel um 1900

„Wer vieles bringt, bringt manchem etwas!":
Präuschers Panoptikum

herunter zu dem Adler aus Blech, doch er ver-
barg das Waidmesser, mit dem er wohl gerne
spielt, denn er schämte sich. Seine Augen
leuchteten, wenn er die Flinte zur Hand nahm.
Er hat den Adler nie getroffen, und kam immer
wieder, im grünen Rock, mit Lodenhut und
Feder.
Diesen Leuten gehören die Buden.“

Diesem literarischen Kabinettstück lassen wir –
wiederum pars pro toto – ein zweites folgen,
und nun werden wir, wenn wir's gut treffen,
vielleicht sogar ein erstaunlich hohes Maß von
Übereinstimmung mit den Verhältnissen von

anno dazumal registrieren können. Zu diesem
Zweck finden wir uns in einem der größeren
Speisegasthäuser ein, geben unsere Bestellung
auf und widmen uns fortan mit aller Aufmerksamkeit der Beobachtung des Bedienungsperso-
nals:

99 Müd und hungrig kommt man in solch
ein Praterwirtshaus. Man würde ja gar nicht
hineingehen, wenn man nicht müd und hungrig
wäre. Man will ein wenig unter Menschen sein,
möchte einmal im Freien essen. Man ist in der
friedlichsten Stimmung, aber das hilft nichts:
Man muß Krieg führen. Mit dem Praterkellner.
Der Krieg beginnt sofort, wenn wir uns in diesem menschengefüllten, von Musik, Geschrei,
Tellerklappern und Gläserklirren durchtobten
Garten niederlassen. Und der Krieg entsteht
deshalb, weil du annimmst, du seist ein Gast,
während der Praterkellner zu erkennen gibt,
daß er dich für einen zudringlichen Kerl hält.
Der Praterkellner leugnet zunächst deine An-
wesenheit. Er weiß nichts von dir, er sieht dich
nicht, er hört dich nicht. Das ist seine Technik,
gegen dich zu kämpfen. Du schlägst mit dem
Stock auf den Tisch, bimmelst mit dem Salzfaß
gegen ein Bierseidel, zischst durch die Zähne,
stößt gellende Schreie aus. Das ist wieder
deine Kampfesweise. Es ist ein furchtbarer

"Er sieht dich nicht, er hört dich nicht":
Felix Saltens Erfahrungen mit Praterkellnern

Krieg, der mit List, mit Grausamkeit, mit Erbitterung auf beiden Seiten geführt wird. Wenn
aber der Kellner endlich kommt, wenn er dich
endlich nach deinen Wünschen fragt, dann bist
keineswegs du der Sieger. Im Gegenteil. Er hat
dich mürbe gemacht. Und er nimmt gleich
nachher die Feindseligkeiten von neuem auf. Er
hat hundert Mittel, dich zu quälen, hundert
sinnreiche Foltern, dich zu peinigen. Er ver-
spricht dir, den Schweinsbraten, den du ge-
wählt hast, sofort zu bringen. Darauf geht er
fort und verbirgt sich irgendwo, so daß du ihn
überhaupt nicht zu Gesicht kriegst. Inzwischen
wiegt dich ein anderer, ein dritter, ein vierter
in die Hoffnung ein: „Kummt schon!" – „Er

bringt's gleich!" – „Den Augenblick!" – Knapp
bevor du vor Wut in die Luft gehst, erscheint
dein Gegner, bringt die Speisekarte, und während er sie vor dir ausbreitet, mit einem Blei-
stiftstümpfchen darin herumfährt, macht er dir
die Mitteilung, daß es keinen Schweinsbraten
mehr gibt. Nun mußt du im Zustand seelischer
Zerstörtheit eine neue Wahl treffen, mußt die
Martern des Hoffens und Harrens nochmals
durchmachen, mußt die Zeremonie mit der
Speisekarte nochmals vor deinen enttäuschten
Augen verrichten lassen. Und bis du in deinem
Stolz als „Gast" erniedrigt, in deinem Wollen
gebrochen, vor Hunger und Zorn völlig entkräf-
tet, dasitzt, reicht dir dein grausamer Feind
einen Bissen zum Essen. Aber noch ist deine
Niederlage nicht endgültig besiegelt, sein
Triumph nicht vollkommen. Jetzt umdrängt er
dich, setzt dich in Verzweiflung durch Stoßan-
griffe überflüssiger Aufmerksamkeit; jetzt zeigt
er dir mit ausgewähltem Hohn, daß er sich für
dein leibliches Behagen aufgeopfert hat. Er
zwingt dich, die Untertänigkeitskomödie zu dul-
den, ja er zwingt dich selbst, die Komödie eines
generösen Kavaliers zu spielen. Und in dieser
Rolle, die dir aufgenötigt wird, tust du, was alle
Besorgten tun müssen, du zahlst auch noch
eine Kriegsentschädigung.
Praterkellner. Das ist eben eine besondere Gat-
tung. Sie sind irgendwie dem „Pülcher" von der

Praterkellner.

Mit dem „Kennerblick des großen Routiniers“:
der Praterkellner

Burgmusik verwandt. Sie sind urwüchsig, ungeschliffen, naiv. Vollkommene Naturkinder. Sie machen den Eindruck von geborenen Müßiggängern, die gleichsam nur aus Perversität arbeiten. Und sie arbeiten denn auch mit einer Erbitterung, mit einem Tumult, mit einer Losgelassenheit, wie jemand, der sich in einem abnormalen Zustand befindet. Der Frack, den sie tragen, hat nicht die erziehliche Macht, ihre Wildheit zu bändigen oder auch nur zu mildern. Sie geben sich unbedenklich ihren Instinkten hin, und es gehört zu ihren Instinkten, sich nicht die Hände zu waschen, sich nicht zu schneuzen, den Schweiß ihres Antlitzes auf das Brot tropfen zu lassen, das du dir erwirbst und heute einmal hier verzehren möchtest; die Hand auf die Lehne des Stuhles zu legen, auf dem du sitzest, ihren Ärmel an dein Gesicht zu reiben, wenn sie deinem Nachbar etwas reichen. Erst in späten Jahren, wenn sie behäbig, ruhig und Zahlkellner geworden sind, nehmen sie sanftere Manieren an. Dann haben sie den etwas stumpfen Kennerblick großer Routiniers, den Blick und die Miene von Männern, die nun auch das menschliche Wesen gründlich erforscht zu haben glauben, weil so unendlich viel menschliche Gefräßigkeit, so unendlich viel menschliche Besoffenheit in all den Jahren an ihnen vorüberzog. 66

„Das redet, das lacht, das braust“:
Kaffeehausbetrieb im Prater (um 1905)

Natürlich kann es auch sein, daß wir „Pech“
haben und an einen Kellner geraten, der die
Liebenswürdigkeit in Person ist: Dann drehen
wir einfach den Spieß um und freuen uns einer
gelungenen Mahlzeit, gepaart mit der Lektüre
einer brillanten Porträtstudie aus der Blütezeit
des Wiener Feuilletons.

Wenn wir auf unserem weiteren Praterbummel
an einem Ringelspiel und einer Hutschen (wie
hierzulande Karussell und Schiffschaukel heißen) vorüberkommen und uns dabei spontan an
Franz Molnárs Bühnen-Evergreen „Liliom“ erin-

nert fühlen, sollten wir uns nicht davon irritieren lassen, daß die „Vorstadtlegende" vom rauhbeinigen Hutschenschleuderer, dem es nicht gelingen will, eine ehrliche Haut zu werden, von der Dienstmagd Julie, die sich in den Hallodri verliebt, von der eifersüchtigen Frau Muskat und von der gutherzigen Schnellphotographin Hollunder eigentlich ganz woanders spielt: im Vidám-Park zu Budapest, dem ungarischen Gegenstück des Wiener Praters. Daß das Bühnenbild der meisten Liliom-Inszenierungen zumindest andeutungsweise auf das Riesenrad zurückgreift und somit nach Wien weist, hat seinen besonderen Grund: Bei der Budapester Uraufführung im Dezember 1909 kläglich durchgefallen, wurde Molnárs Stück erst bei seiner Wiener Premiere im Theater in der Josefstadt, vier Jahre darauf und in der deutschen Übersetzung von Alfred Polgar, zum großen Erfolg, und zum Dank dafür blieb der „Liliom" von Stund an expatriiert. Alle Welt verlegt das Stück seither – entgegen den Regieanweisungen des Autors – vom Budapester Stadtwäldchen in den Wiener Prater, und da die beiden einander tatsächlich sehr ähnlich sind, erübrigt sich jegliches lokalpatriotische Feilschen.

„Jetzt bin ich gar im Prater, mitten in der Nacht . . . Das hätt' ich mir auch nicht gedacht in der Früh, daß ich heut' Nacht im Prater spa-

„Kaskaden von Lärm":
Pretschers Etablissement um 1900

zieren geh'n werd' . . ." läßt Arthur Schnitzler
seinen Leutnant Gustl in Selbstmordstimmung
monologisieren. Auf einer der Parkbänke sinkt
der zum Äußersten Entschlossene ermattet nieder: „Mir wär' am liebsten, ich müßt' gar nicht
aufsteh'n – da einschlafen und nimmer auf-
wachen . . . ja, das wär' halt bequem! Nein, so
bequem wird's Ihnen nicht gemacht, Herr Leutnant . . . Ist die Luft gut . . . man sollt' öfters
bei der Nacht in' Prater geh'n . . . Ja, das hätt'
mir eben früher einfallen müssen, jetzt ist's
aus mit'm Prater, mit der Luft und mit'm
Spazierengeh'n . . ."

Der Prater als Kuppler – auch dieser Aspekt
hat seinen Sänger gefunden. Theodor Herzl
ist es, der um die Jahrhundertwende in einem
seiner Feuilletons den Scharen weiblicher
Flaneure nachspürt: „Warum gehen sie nicht in
die wirkliche Freiheit, in die Natur hinaus? Sie
müssen gesehen werden, sonst käme wohl der
Freier nie. Aber wenn sie nicht auffallend ge-
kleidet sind, gehen sie in der Menge verloren.
Und sind sie geputzt, so wagt sich erst recht
keiner an sie heran. Wer hat den Mut, so
schöne Gewänder zu bezahlen?"
„Unbekümmert um das Treiben der Vornehmen
und ohne Rücksicht auf den Kaiser, der stolz
auf das ungezwungene Treiben seiner Unterta-
nen blickt", so berichtet 1828 der mährische
Weltenbummler Carl Postl, der sich Charles
Sealsfield nennt, von den „Gästen des Praters,
die sich auf den Rasenplätzen niederlassen und
ihren Imbiß mit einem Heißhunger verzehren,
als ob sie seit zwei Tagen nichts Eßbares gesehen hätten". Der Appetit der 300.000 Wiener
sei „so ausgiebig, daß sie jährlich 80.000 Stück
Rindvieh, 67.000 Kälber, 120.000 Lämmer und
72.000 Schweine mit 200.000 Fässern öster-
reichischen Weines in ihre Mägen hinunter-
spülen."
Wir setzen unseren Praterbummel in Richtung
Westausgang fort und lösen am Kassenschalter
des Riesenrads ein Billet für eine Fahrt mit

„Einer läßt sich sehen, weil er zu groß, ein anderer,
weil er zu klein ist":
die Riesin „Rositta"

dem 1897 errichteten und (nach seiner Zerstö-
rung im Zweiten Weltkrieg) 1947 aufs neue in
Betrieb genommenen Prater-Wahrzeichen.
Wenn wir eine der dreißig Gondeln besteigen,
tun wir dies natürlich mit literarischen Hinter-
gedanken: Hier spielt eine der Schlüsselszenen
von Graham Greenes Kriminalroman „Der dritte
Mann", und hier hat Meisterregisseur Carol
Reed 1948 seine Hauptdarsteller Orson Welles
und Joseph Cotten vor die Kamera geholt. Es
ist das Nachkriegs-Wien der „Vier im Jeep":
Hier, im sowjetischen Sektor der Millionenstadt
und im makabren Flair des soeben noch in
Schutt und Asche liegenden, erst allmählich
wieder zu sich kommenden Praters, bahnt sich
jene hochdramatische Aussprache zwischen
dem Penicillinfälscher und -schieber Harry
Lime und dessen Jugendfreund Rollo Martins
an, die die beiden endgültig zu Todfeinden
macht:

99 Eine Stunde wartete er; um sich warm
zu halten, schlenderte er innerhalb der Einfrie-
dung des Riesenrades auf und ab. Der zerstörte
Prater, dessen nacktes Totengebein aus der
Schneedecke ragte, war nahezu menschenleer.
An einem Stand wurden hauchdünne Waffeln
verkauft, fast so groß wie Wagenräder, und die
Kinder standen mit Lebensmittelkarten in der

Standort Tegetthoff-Denkmal:
Auffahrt der Firmungswagen

Hand davor Schlange. Bisweilen wurden meh-
rere Liebespaare in einen einzigen Waggon des
Riesenrades gepfercht und schwebten dann,
flankiert von leeren Wagen, langsam im Kreis
über die Stadt empor. Sobald ihr Wagen den
höchsten Punkt der Fahrt erreicht hatte, wurde
die Umdrehung für ein paar Minuten abge-
bremst, und man sah, wie sich hoch droben die
winzigen Gesichter gegen die Fensterscheiben
preßten...
Hinter dem Kuchenstand pfiff jemand. Martins
kannte die Melodie. Er drehte sich um und wartete. War es Angst oder Erregung, was jetzt
sein Herz höher schlagen ließ – oder bloß die

Erinnerungen, die diese Melodie in ihm er-
weckte? Denn der Pulsschlag seines Lebens
hatte sich stets beschleunigt, sobald Harry
erschienen war, so wie er jetzt erschien: als
wäre nichts geschehen, niemand ins Grab
gelegt und niemand mit durchschnittener
Kehle aufgefunden worden...
Harry hatte schon immer alle Kniffe gekannt,
und auch in diesem zertrümmerten Vergnügungspark war es nicht anders. Er gab der
Frau am Schalter ein Trinkgeld, und sie erhiel-
ten einen Wagen des Riesenrads ganz für sich
allein. Er sagte: „In der guten alten Zeit taten
das die Liebespaare, aber jetzt haben sie nicht
das nötige Geld dazu – die armen Teufel!“ Und
mit einem Blick, aus dem aufrichtiges Bedau-
ern zu sprechen schien, sah er aus dem leise
schaukelnden und langsam höher steigenden
Waggon hinunter auf die immer kleiner werdenden Gestalten. Langsam versanken auf der
einen Seite die Häuser der Stadt unter ihnen,
langsam wuchsen auf der andern die mächtigen
stählernen Kreuzträger des Riesenrades vor
ihnen empor. Der Horizont wich zurück, die
Donau wurde sichtbar, und die Pfeilertürme
der Reichsbrücke kamen über den Häusern
zum Vorschein.66

Prater in Trümmern:
das ausgebrannte Riesenrad (1945)

Nicht nur die diversen Ausblicke unserer beiden imaginären Passagiere können wir bequem nachvollziehen, sondern auch den Nervenkitzel rund um ihrer beider Gedankenspiel, die Riesenradfahrt dazu zu benützen, den Gegner mit Gewalt auszuschalten – sei es durch einen Sturz in die Tiefe oder durch einen Schuß aus dem Revolver:

    99 Harry warf einen Blick auf die Spielzeuglandschaft unter ihnen und entfernte sich von der Tür. „Ich fühle mich in diesen Dingen nie recht sicher", bemerkte er und betastete mit der Hand die Außenseite der Tür, als fürchtete er, sie könne plötzlich aufspringen und ihn in den von eisernen Rippen durchzogenen Luftraum hinausschleudern...
Der Waggon kam am Scheitelpunkt seiner Kreisbahn leicht pendelnd zum Stillstand, und Harry wandte seinem Freund den Rücken zu und blickte aus dem Fenster. Martins überlegte: „Ein einziger kräftiger Stoß, und er fliegt durchs Glas hinaus." In Gedanken malte er sich aus, wie der Körper zwischen den eisernen Pfeilern und Verstrebungen stürzen, immer tiefer stürzen würde – ein Kadaver, der mitten unter die Fliegen dort unten fiele...
Der Wagen hing nun bewegungslos im Zenit seiner Bahn. Draußen, jenseits der schwarzen

Stahlträger, flossen die glühenden Farben des Sonnenuntergangs in breiten Streifen über den papiergrauen gefleckten Himmel.

„Ich habe gute Lust, dich durchs Fenster zu schmeißen."

„Aber tun wirst du es nicht, alter Freund... Zu dir habe ich unbegrenztes Vertrauen, Rollo. Kurtz wollte mich erst überreden, nicht herzukommen, aber ich kenne dich doch. Dann versuchte er mich zu überreden, einen kleinen – hm – Unfall zu arrangieren. Er meinte, das wäre in diesen Waggons ganz einfach."

„Nur bin ich der Stärkere von uns beiden."

„Aber ich habe einen Revolver. Du glaubst doch nicht, eine Schußwunde würde weiter auffallen, wenn du auf dem Boden dort unten aufgeschlagen bist?" Der Wagen setzte sich wieder in Bewegung und schwebte langsam der Erde entgegen, bis die Fliegen zu Zwergen und endlich zu Menschen wurden. „Was für Narren sind wir doch, Rollo! Wir reden da gerade so, als ob ich dir etwas antun könnte – oder du mir." Damit wandte er Martins den Rücken und lehnte sein Gesicht gegen die Fensterscheibe. Ein kräftiger Stoß...❝❝

Es kommt weder zu dem einen noch zu dem andern: weder zum Hinauswurf aus der Riesenradgondel noch zum Schuß aus der Waffe. Um

den britischen Schwarzmarktgangster unschäd-
lich zu machen, wählt Graham Greene einen
anderen Weg: Harry Limes Verfolgung im unter-
irdischen Wiener Kanalsystem...

Wenn wir schon das Kapitel Kriminalität abhan-
deln, sollten wir auf unserem literarischen Pra-
terspaziergang (und zwar dann, wenn wir uns
gerade im Umkreis des Lusthauses aufhalten)
auch einen Abstecher nach Maria Grün einpla-
nen, wo Ernst Hinterberger in seinem 1984 er-
schienenen Kriminalroman „Jogging" der
Polizei jenes entscheidende Indiz zuspielt, das
den Mörder des Playboys Alfi Schreyer-Weren-
berg in weiterer Folge seiner Tat überführt.
Der Lokalaugenschein lohnt doppelt, setzt er
uns doch nicht nur auf die Spur eines (fiktiven)
Kapitalverbrechens, sondern bringt uns zu-
gleich eine Wallfahrtsstätte von besonderem
Reiz nahe, die man überall, nur nicht hier,
keine 400 Meter vom Lusthaus entfernt, ver-
muten würde... Folgen wir den mit der Auf-
klärung des Falles betrauten „Kieberern"
Dörfler und Holler auf ihrem Streifzug zwischen Lusthauswasser, Rennbahnstraße, Klein-
gartenkolonie „Sonnenblume" und Maria Grün:

99 Auf dem breiten Fußweg vor Maria
Grün sahen Dörfler und Holler ein abgestelltes

Auto mit halb heruntergekurbeltem Seitenfenster. Sie gingen hin und stellten fest, daß auf den umgeklappten Liegesitzen ein schmusendes Paar lag.

Dörfler klopfte gegen die Karosserie und ließ seine Dienstkokarde vor dem offenen Fenster baumeln. Dann sagte er zu den furchtbar erschrockenen jungen Leuten: „Liebe kann schön sein. Aber macht's dabei 's Fenster zu und verriegelt's die Tür. Damit euch niemand was macht."

Und Holler sekundierte: „Oder fahrt's woanders hin, ihr Trotteln. Da herunten ist's gefährlich. Da geht einer um, der's auf Liebespaare abgesehen hat."

„Und vor ein paar Wochen", setzte Dörfler hinzu, „ist nicht weit von da sogar wer umgebracht worden. Also schaut's, daß weiterkommt's."

Daraufhin ordneten die zwei Jungen ihre Kleidung, stellten die umgeklappten Sitze hoch, bedankten sich und fuhren weg. „Siehst", brummte Holler. „Das ist wieder typisch. Die Leut präsentieren sich ja direkt. Keilen sich genau dort ab, wo es am gefährlichsten für sie ist. Und wenn sie dann überfallen werden, schreien sie und haben nichts gesehen und gehört."

Als Dörfler und Holler den volkstümlichen Andachtsort Maria Grün erreichten, fanden sie ihn unbelebt. Sie hatten auch niemanden erwartet. Wer sollte um diese Zeit auch die in einer kitschigen kleinen Grotte dargestellte Jungfrau Maria besuchen? Oder vor den vielen, oft vor Jahrzehnten an den Bäumen angebrachten, aber längst unkenntlich gewordenen Heiligenbildern, Emailvignetten oder Blechkreuzen beten? Derlei machten sowieso nur alte Weiber. Und die schliefen jetzt oder waren zumindest zuhause und hatten sich verbarrikadiert. Trotzdem ging Dörfler zur Tür der kleinen Kapelle und drückte die Klinke nieder. Dort drinnen waren manchmal Liebespaare oder Unterstandslose oder zur Fahndung Ausgeschriebene, die sich das primitive Schloß mit einem Dietrich aufsperrten. Aber heute war zugesperrt und alles in Ordnung... 66

Doch die nächtliche Idylle trügt: Dörfler und Holler sind dem Mörder vom Lusthauswasser dicht auf den Fersen. Wir aber halten, wo wir nun schon da sind, Einkehr in einer Wallfahrtsstätte, die, 1924 errichtet und mit dem Inventar der aufgelassenen Kapelle des Langenloiser Armenhauses ausgestattet, in ihren Ursprüngen auf eine Behelfskirche zurückgeht, die aus nichts anderem als dem Turnsaal der 1895 an der Aspernallee eröffneten einklassigen Volksschule bestand. Heute ist Maria Grün mit sei-

In Maria Grün
hab' ich an Dich gedacht und
Dir dies Andenken mitgebracht.

„Volkstümlicher Andachtsort":
Votivbild des Wallfahrtskirchleins Maria Grün

nem Gnadenbild, seiner Votivtafelsammlung, seinem Kreuzweg und seinem windlichtergeschmückten Felsengrab nicht nur Einkehrziel frommer Pilger aus aller Welt, sondern auch, von den Trinitarier-Patres vom Mexikoplatz mitbetreut, eine der beliebtesten Trauungskirchen Wiens.

Die an der Pforte des in Schönbrunnergelb getauchten, ganzjährig zugänglichen und knapp dreihundert Gläubige fassenden Gotteshauses zur Mitnahme aufliegende Broschüre wird den auf verbalen Weihrauch eingestellten Besucher überraschen – und zwar mit ihrem zeitgemäßkeß formulierten Willkommensgruß an Jogger und Sandler, an Praterspaziergänger und Fußballfans, an den „Rentner, der sich als ‚Tod' in der Geisterbahn ein paar Schillinge dazuverdient, die junge Mutter, die mit ihrem Kind auf der Grafenwiese Federball spielt, und die Dirne, die längst alle Hoffnung aufgegeben hat".

Sogar das Thema Mord, das uns ja hierher geführt hat, bleibt bei der „lieben Mutter in der grünen Au" nicht ausgespart: Eine Votivtafel aus den zwanziger Jahren erinnert bis zum heutigen Tag an einen Josef Mohapel, „der im 22. Lebensjahre, unschuldig als Christ verfolgt, durch ruchlose Mörderhände sein blühendes Leben lassen mußte…"

Im »Himmel der Gemeinsamkeit«

Salzburg, Herbst 1921. Stefan Zweig, knapp vierzig, ist ein allseits anerkannter Autor, nur der wirklich durchschlagende Verkaufserfolg – der steht noch aus. Jetzt endlich kommt's dazu: mit dem kurz vor dem Erscheinen stehenden Sammelband „Amok". 70.000 Exemplare werden davon im Laufe von acht Jahren abgesetzt werden. Eines der Prunkstücke dieser „Novellen einer Leidenschaft" ist der 70-Seiten-Text „Phantastische Nacht". Er spielt in Wien, und es ist einer der seltenen Fälle, da Stefan Zweig Daten und Orte klar beim Namen nennt.

Um die „Phantastische Nacht" (der ein schwüler Nachmittag vorausgeht) topographisch nachzuvollziehen, empfiehlt sich vorweg ein Blick in den Wiener Rennsportkalender: Wenn man Glück hat, erwischt man für seinen Ausflug einen Sonntagnachmittag, an dem ein Derby angesetzt ist – die Galopprennbahn in

der Freudenau ist einer der beiden Schauplätze
jenes „unerhörten Erlebnisses", das für den
Baron Friedrich Michael von R. zum „Dreh-
punkt seiner ganzen Existenz" wird. Um den
zweiten Schauplatz, das Prostituiertenmilieu im
Schatten der Praterkarussells, braucht man
sich weniger zu sorgen: Hier ist Nacht für
Nacht Betrieb – jahraus jahrein.
Mitte dreißig ist er an jenem 7. Juni 1913,
da sich dem sorglos in den Tag hineinlebenden
Aristokraten in knappen sechs Stunden die
Welt auf den Kopf stellt. In den fünfzehn Mona-
ten, die er noch zu leben hat – der k. u. k.
Reserveoberleutnant bei den Dragonern fällt im
Herbst 1914 in der Schlacht von Rawa-Ruska –,
wird er sich täglich, ja stündlich das Erlebnis
dieser phantastischen Nacht in allen seinen
Einzelheiten vergegenwärtigen, wieder und
wieder und „mit leidenschaftlicher Feurigkeit".
Unser Unternehmen beginnt mit einem Sonn-
tagnachmittagsbummel über den Ring. Bei
der Oper biegen wir in die Kärntner Straße ein,
durch das Getümmel der Spaziergänger,
window shopper und Straßenmusikanten bah-
nen wir uns einen Weg zum Graben, wo es
nur deshalb eine Nuance ruhiger zuzugehen
scheint, weil hier ein breites Angebot an Cafés
und Discotheken einen Teil der Flaneure auf-
saugt:

„Funkelnde Magie des Abenteuers":
Venedig in Wien (1895)

99 Ich war damals, am 7. Juni 1913, später aufgestanden, aus dem noch von der Kindheit, von den Schuljahren her unbewußt
nachklingenden Sonntagsgefühl, hatte mein
Bad genommen, die Zeitung gelesen und in
Büchern geblättert, war dann, verlockt von dem
warmen sommerlichen Tag, der teilnehmend in
mein Zimmer drang, spazierengegangen, hatte
in gewohnter Weise den Grabenkorso überquert, zwischen Gruß und Gruß bekannter und
befreundeter Menschen mit irgendeinem von
ihnen ein flüchtiges Gespräch geführt und dann
bei Freunden zu Mittag gespeist. Für den Nachmittag war ich jeder Vereinbarung ausge-

wichen, denn ich liebte es insbesondere, am
Sonntag ein paar unaufgeteilte freie Stunden
zu haben, die dann ganz dem Zufall meiner
Laune, meiner Bequemlichkeit oder irgendeiner
spontanen Entschließung gehörten. Als ich
dann, von meinen Freunden kommend, die
Ringstraße querte, empfand ich wohltuend die
Schönheit der besonnten Stadt und ward froh
an ihrer frühsommerlichen Geschmücktheit.
Die Menschen schienen alle heiter und irgendwie verliebt in die Sonntäglichkeit der bunten
Straße, vieles einzelne fiel mir auf und vor
allem, wie breitumbuscht mit ihrem neuen
Grün die Bäume mitten aus dem Asphalt sich
aufhoben. 66

Wohl noch stärker als zu Stefan Zweigs Zeiten
mag den Spaziergänger angesichts des heute
hier tobenden Massenbetriebs ein Verlangen
nach Absonderung überkommen – oder zumindest ein Verlangen nach Ortswechsel, nach
Asphaltferne, nach Grün:

99 Unwillkürlich bekam ich Sehnsucht
nach viel Grün, nach Helligkeit und Buntheit.
Ich erinnerte mich mit ein wenig Neugier des
Praters, wo jetzt, zu Frühlingsende, zu Som-
mersanfang, die schweren Bäume wie riesige

„Eine Mauer von Zaungästen“:
der Blumencorso (1904)

grüne Lakaien rechts und links der von Wagen
durchflitzten Hauptallee stehen und reglos den
vielen geputzten eleganten Menschen ihre weißen Blütenkerzen hinhalten. 66

Gehen wir also die paar Schritte bis zum Ste-
phansplatz vor, wo zur Linken des Doms die
Fiaker ihren Standplatz haben, und versuchen
wir mit einem der Kutscher einen vernünftigen
Tarif für eine Praterfahrt auszuhandeln. Da unser Ziel die Freudenau ist, die Galopprennbahn
am äußersten Ende des 2. Bezirks, wird es
auch bei noch so großem Verhandlungsgeschick
kein billiges Vergnügen werden. Aber die „Phantastische Nacht“ sollte es uns wert sein...

,, Gewohnt, auch dem flüchtigsten meiner Wünsche sofort nachzugeben, rief ich den ersten Fiaker an, der mir in den Weg kam, und bedeutete ihm auf seine Frage den Prater als Ziel. „Zum Rennen, Herr Baron, nicht wahr?" antwortete er mit devoter Selbstverständlichkeit. Da erinnerte ich mich erst, daß heute ein sehr fashionabler Renntag war, eine Derbyvorschau, wo die ganze gute Wiener Gesellschaft sich ein Rendezvous gab. ""

Von der Authentizität des Verkehrsmittels abgesehen, hat die Pferdedroschke auch den Vorteil, neben dem Fahrrad das einzige auf der Prater-Hauptallee zugelassene zu sein.

,, Die Hauptallee war schon ziemlich leer, als wir hinkamen, das Rennen mußte längst begonnen haben, denn die sonst so prunkvolle Auffahrt der Wagen fehlte, nur ein paar vereinzelte Fiaker hetzten mit knatternden Hufen wie hinter einem unsichtbaren Versäumnis her. Der Kutscher wandte sich am Bock und fragte, ob er scharf traben solle; aber ich hieß ihn, die Pferde ruhig gehen zu lassen, denn ich hatte zu viele Rennen gesehen und zu oft die Menschen bei ihnen, als daß mir ein Zurechtkommen noch wichtig gewesen wäre, und

„Im dichtesten Volksgedränge so sicher wie im Palaste":
Kronprinz Rudolf kutschiert durch den Prater

es entsprach besser meinem lässigen Gefühl,
im weichen Schaukeln des Wagens die blaue
Luft wie Meer vom Bord eines Schiffes lind-
rauschend zu fühlen und ruhiger die schönen,
breitgebuschten Kastanienbäume anzusehen,
die manchmal dem schmeichlerisch warmen
Wind ein paar Blütenflocken zum Spiele hin-
gaben, die er dann leicht aufhob und wirbelte,
ehe er sie auf die Allee weiß hinflocken ließ.❞❞

Der Weg führt uns in schnurgerader Fahrt
durch die auch heute noch leidlich intakte,

mehrbahnige Kastanienallee, die seit dem
18. Jahrhundert Schauplatz prunkvoller Wagen-
auffahrten des Hofes und der Hocharistokratie
war, später gefolgt von den legendären Blu-
menkorsos, bei denen das schaulustige Volk
der Wiener zu Zehntausenden das Spalier
bildete.

Ist das Lusthaus erreicht, das heute als Nobelrestaurant fortlebt, so verliert sich schlagartig
aller alte Glanz: Die Rennbahnstraße, die – auf
einer Strecke von nur mehr 500 Metern – das
letzte Wegstück zur Freudenau bildet, läßt keinen Zweifel daran, daß die große Zeit der Pfer-
derennen vorbei ist. Aber in Betrieb ist die
berühmte Anlage, die schon der Wiener Minne-
sänger Peter Suchenwirt im 14. Jahrhundert
als Turnierplatz gepriesen hat, nach wie vor,
und die zwischen 1885 und 1887 nach den
Plänen des Weltausstellungsarchitekten Carl
von Hasenauer errichteten Tribünen und
Veranden, Stallungen und Wettschalter stehen
sogar unter Denkmalschutz. Das grau lackierte
Gußeisen und das weiß lackierte Holz der Anlage, ihre Treppen und Türmchen, ihre Fahnen-
stangen und Fernglasverleihe strahlen auch in
der heutigen Verschlissenheit noch Spuren des
alten Charmes aus – nur die inzwischen instal-
lierten Monitoren der Wettkampfansage sowie
der Verkehrslärm der nahen Autobahn beein-
trächtigen die Illusion, hier könnten sich noch

immer Begegnungen jener Art zutragen, wie sie Stefan Zweig in der „Phantastischen Nacht" geschildert hat:

99 Der Wagen hielt vor dem Rennplatz. Ein dumpfes Brausen schlug mir entgegen. Wie ein Meer scholl es dumpf und hohl hinter den aufgestuften Tribünen, ohne daß ich die bewegte Menge sah, von der dieses geballte Geräusch ausging, und unwillkürlich erinnerte ich mich an Ostende, wenn man von der niederen Stadt die kleinen Seitengassen zur Strandpromenade emporsteigt, schon den Wind salzig und scharf über sich sausen fühlt und ein dumpfes Dröhnen hört, ehe dann der Blick hingreift über die weite grauschäumige Fläche mit ihren donnernden Wellen. Ein Rennen mußte gerade in Gang sein, aber zwischen mir und dem Rasen, auf dem jetzt wohl die Pferde hinflitzten, stand ein farbiger dröhnender, wie von einem inneren Sturm hin und her geschüttelter Qualm, die Menge der Zuschauer und Spieler. Ich konnte die Bahn nicht sehen, spürte aber im Reflex der gesteigerten Erregung jede sportliche Phase. Die Reiter mußten längst gestartet, der Knäuel sich geteilt haben und ein paar gemeinsam um die Führung streiten, denn schon lösten sich hier aus den Menschen, die geheimnisvoll die für mich unsichtbaren Bewegungen des Laufes miterlebten, Schreie los und aufgeregte Zurufe. An der Richtung ihrer Köpfe spürte ich die Biegung, an der die Reiter und Pferde jetzt auf dem länglichen Rasenoval angelangt sein mußten, denn immer einheitlicher, immer zusammengefaßter drängte sich, wie ein einziger aufgereckter Hals, das ganze Menschenchaos einem mir unsichtbaren Blickpunkt entgegen, und aus diesem einen ausgespannten Hals grölte und gurgelte mit Tausenden zerriebenen Einzellauten eine immer höher gischtende Brandung.❞

Ob wir nun das Glück haben, einem der heutigen Rennen beizuwohnen oder aber uns darauf beschränken müssen, bei einem der dienstbaren Geister die Erlaubnis einzuholen, die bloße Anlage zu inspizieren: An Ort und Stelle die Empfindungen des jungen Barons Friedrich Michael von R. nachzuvollziehen, ist in jedem Fall ein Genuß:

❝ Ich stand inmitten dieser dröhnenden Tobsucht kalt wie ein Felsen im donnernden Meer und weiß noch heute genau zu sagen, was ich in jener Minute empfand. Das Lächerliche vorerst all dieser fratzenhaften Gebärden, eine ironische Verachtung für das Pöbelhafte

„Bewegung in nobilitierter Weise":
die Reitbahn an der Prater-Hauptallee

des Ausbruches, aber doch noch etwas anderes, das ich mir ungern eingestand – irgendeinen leisen Neid nach solcher Erregung, solcher Brunst der Leidenschaft, nach dem Leben, das in diesem Fanatismus war.

Jetzt mußte ein Pferd dem Ziel ganz nahe sein, denn zu einem einzigen, immer schriller werdenden Schrei von Tausenden Stimmen gellte jetzt wie eine hochgespannte Saite ein bestimmter Name empor aus dem Tumult, um dann schrill mit einem Male zu zerreißen. Die Musik begann zu spielen, plötzlich zerbrach die Menge. Eine Runde war zu Ende, ein Kampf entschieden, die Spannung löste sich in eine quirlende, nur noch schlaff nachschwingende Bewegtheit. Die Masse, eben noch ein brennendes Bündel Leidenschaft, fiel auseinander in viele einzelne laufende, lachende, sprechende Menschen, ruhige Gesichter tauchten wieder auf hinter der mänadischen Maske der Erregung; aus dem Chaos des Spiels, das für Sekunden diese Tausende in einen einzigen glühenden Klumpen geschmolzen hatte, schichteten sich wieder gesellschaftliche Gruppen, die zusammentraten, sich lösten, Menschen, die ich kannte und die mich grüßten, Fremde, die sich gegenseitig kühl-höflich musterten und betrachteten...

Ich ging mitten durch dies laue Gewühl, grüßte und dankte, atmete wohlig – war es doch die

„Bewegte Menge":
Derby in der Freudenau (um 1900)

Atmosphäre meiner Existenz – den Duft von
Parfüm und Eleganz, der dies kaleidoskopische
Durcheinander umschwebte, und noch freudi-
ger die leise Brise, die von drüben aus den
Praterauen, aus dem sommerlich durchwärm-
ten Walde manchmal ihre Welle zwischen die
Menschen warf und den weißen Musselin der
Frauen wie wollüstig-spielend betastete. 66

Doch im Grunde langweilt unseren „Helden"
dies alles – jedenfalls bis zu dem Augenblick
„sechzehn Minuten nach 3 Uhr", da jenes
„Unerhörte" einsetzt, das fortan sein ganzes
weiteres Leben bestimmen wird. Das aufrei-
zende Lachen einer hinter ihm stehenden Frau

reißt den Fünfunddreißigjährigen aus seiner Lethargie in ein „Gefühl erotischer Spannung", das sich zwar, ein kurzer Blick-Flirt nur, in Nichts auflöst, aber dennoch fatale Folgen hat: Der der schönen Fremden zugehörige Mann, ein kleiner dicker Glatzkopf von abstoßendem Wesen, Rennsportfanatiker und Pferdehändler, verliert bei einem unbeabsichtigten Zusammenprall die lose an seinem Hut befestigten Wettscheine und bückt sich nieder, um sie, über den Boden verstreut, aufzulesen – ausgenommen jenen einen, den – ohne jede diebische Absicht, nur aus einer Art tückischen Übermuts heraus – der verhinderte Nebenbuhler an sich nimmt und der diesem gigantische Wettgewinne zuspielt. Unversehens zum Dieb geworden, der, was geschehen ist, nicht mehr ungeschehen machen kann, entschließt sich Baron Friedrich Michael von R., das viele Geld unter den „Erniedrigten" der Praterunterwelt zu verteilen: unter den Huren und Zuhältern, mit denen er sich auf ein riskantes Abenteuer einläßt. Die „phantastische Nacht" hebt an ...
Folgen wir ihm auf dem Weg in den Prater:

99 Ein Diener mit servil gelüfteter Kappe sprang mir entgegen, ich nannte ihm die Nummer meines Wagens, er schrie sie mit gehöhlter Hand über den Platz, und schon klapperten

„Parfum und Eleganz":
die Welt der Rennbahnbesucher

Wien bei Nacht im Wurstelprater

„Nur nicht jetzt nach Hause!":
Prater bei Nacht

scharf die Pferde heran. Ich bedeutete dem
Kutscher, langsam die Hauptallee hinabzufah-
ren.
Weich glitt auf den Gummirädern der Fiaker
dahin zwischen den vielen andern, die wie
Blumenboote mit ihrer bunten Fracht von
Frauen an den grünen Ufern der Kastanienallee
vorbeischaukelten...
Mit einem leichten Ruck hielt der Wagen an:
Der Kutscher hatte die Pferde angezügelt,
wandte sich vom Bock und fragte, ob er nach
Hause fahren solle...
Es war dunkel geworden, ein Weiches wogte in
den Kronen der Bäume, die Kastanien began-
nen ihren abendlichen Duft durch die Kühle zu
atmen. Und hinter den Wipfeln silberte schon

ein verschleierter Blick von Mond... Nur nicht
jetzt nach Hause, nur nicht in meine gewohnte
Welt! Ich bezahlte den Kutscher.❞

Etwa in Höhe des Konstantinhügels, wo schon
in ersten Fetzen der Rummelplatzlärm von den
Prateretablissements herüberdringt, läßt Stefan
Zweig seinen „Helden" aus dem Fiaker steigen,
und zu Fuß nehmen auch wir seine Spur auf.
Vom berühmten Sachergarten, den er als erstes
anpeilt, finden wir heute nichts mehr vor: In
dem Areal an der Hauptallee, wo seit 1874 der
Hotelier Eduard Sacher ein Luxusrestaurant für

„Am grünen Ufer der Kastanienallee":
Restaurant Konstantinhügel

Adel und Hochfinanz betrieb, in dem täglich Militärkapellen aufspielten, Kronprinz Rudolf zu den Stammgästen zählte und Kaiserin Elisabeth im Sommer 1881 ein Galadiner für Herzog Ludwig von Bayern gab, ist 1945 kein Stein auf dem anderen geblieben. Bowlingbahn und Hockeyplatz breiten sich nun an seiner Stelle aus; die die Rückseite säumende Waldsteingartenstraße erinnert an die einstigen Eigner des Besitzes, die Grafen Waldstein-Wartenberg. Das gediegene Gartenrestaurant „Zum Butterfaß", das heute auf dem Nachbargrund floriert, mag uns als Ersatz dienen:

99 Es mochte etwa 7 Uhr sein, und unwillkürlich bog ich hinüber zum Sachergarten, wo ich sonst immer nach der Praterfahrt in Gesellschaft zu speisen pflegte und in dessen Nähe der Fiaker mich wohl bewußt abgesetzt hatte. Aber kaum daß ich die Gitterklinke des vornehmen Gartenrestaurants berührte, überfiel mich eine Hemmung: Nein, ich wollte noch nicht in meine Welt zurück, nicht mir in lässigem Gespräch diese wunderbare Gärung, die mich geheimnisvoll erfüllte, wegschwemmen lassen, nicht mich loslösen von der funkelnden Magie des Abenteuers, der ich mich seit Stunden verkettet fühlte. 66

„Diese wunderbare Gärung . . .":
Volksbelustigung „Heiratszelt" (vor 1938)

Begeben wir uns nun ins Innere des Volkspraters; es genügt, sich an der Geräuschkulisse
zu orientieren, der Wege zu den einzelnen
Rummelplatzattraktionen sind viele:

99 Von irgendwoher dröhnte dumpfe ver-
worrene Musik, und unwillkürlich ging ich ihr
nach, denn alles lockte mich heute, ich empfand es als Wollust, dem Zufall ganz nachzugeben, und dies dumpfe Hingetriebensein
inmitten einer weichwogenden Menschenmenge
hatte einen phantastischen Reiz... All dies,
was mich vordem, ja selbst gestern noch, als
ordinär, gemein und plebejisch abgestoßen,
was der soignierte Gentleman in mir ein Leben
lang hochmütig gemieden hatte, das zog meinen neuen Instinkt magisch an, als empfände
ich zum erstenmal im Animalischen, im Trieb-
haften, im Gemeinen eine Verwandtschaft mit
mir selbst. Hier im Abhub der Stadt, zwischen
Soldaten, Dienstmädchen, Strolchen, fühlte ich
mich in einer Weise wohl, die mir ganz unver-
ständlich war...
Immer näher gellten und schmetterten vom
Wurstelprater her die Tschinellen und die
weiße Blechmusik, in einer fanatisch mono-
tonen Art stampften die Orchestrions harte
Polkas und rumpelnde Walzer, dazwischen
knatterten dumpfe Schläge aus den Buden,

„Zwischen Soldaten, Dienstmädchen und Strolchen":
der kettensprengende Kraftmensch (1912)

zischte Gelächter, grölten trunkene Schreie, und jetzt sah ich schon mit irrsinnigen Lichtern die Karusselle meiner Kindheit zwischen den Bäumen kreisen. Ich blieb mitten auf dem Platze stehen und ließ den ganzen Tumult in mich einbranden, mir die Augen und Ohren vollschwemmen: diese Kaskaden von Lärm, das Infernalische dieses Durcheinanders tat mir wohl, denn in diesem Wirbel war etwas, das mir den innern Schwall betäubte. Ich sah zu, wie mit geblähten Kleidern die Dienstmädchen sich auf den Hutschen mit kollernden Lustschreien, die gleichsam aus ihrem Geschlecht gellten, in den Himmel schleudern ließen, wie Metzgergesellen lachend schwere Hämmer auf die Kraftmesser hinkrachten, Ausrufer mit heisern Stimmen und affenhaften Gebärden über den Lärm der Orchestrions schreiend hinwegruderten, und wie alles dies sich quirlend mengte mit dem tausendgeräuschigen, unablässig bewegten Dasein der Menge, die trunken war vom Fusel der Blechmusik, dem Flirren des Lichts und von der eigenen warmen Lust ihres Beisammenseins … Mit der Lust des Mannes sehnte ich mich in den quellenden Schoß dieses heißen Riesenkörpers hinein, mit der Lust des Weibes war ich aufgetan jeder Berührung, jedem Ruf, jeder Lockung, jeder Umfassung – und nun wußte ichs, Liebe war in mir und Bedürfnis nach

„Affenhafte Gebärden":
Auftritt der Equilibristen (um 1900)

Liebe wie nur in den zwielichthaften Knaben-
tagen. Oh, nur hinein, hinein ins Lebendige,
irgendwie verbunden sein mit dieser zucken-
den, lachenden, aufatmenden Leidenschaft der
andern, nur einströmen, sich ergießen in ihren
Adergang; ganz klein, ganz namenlos werden
im Getümmel, eine Infusorie bloß sein im
Schmutz der Welt, ein lustzitterndes, fun-
kelndes Wesen im Tümpel mit den Myriaden –
aber nur hinein in die Fülle, hinab in den Krei-
sel, mich abschießen wie einen Pfeil von der
eigenen Gespanntheit ins Unbekannte, in
irgendeinen Himmel der Gemeinsamkeit.❞

Stefan Zweigs „Held", überdrüssig der „stan-
desgemäßen" und begierig einer mehr volkstümlichen Gastronomie, hätte auch heute die
Wahl zwischen einer Vielzahl von Lokalen
unterschiedlichen Zuschnitts:

❝ Ich sah mich um: rechts und links
zwischen den strömenden Menschengassen
standen kleine Inseln von Grün, Gastwirtschaf-
ten mit roten Tischtüchern und nackten Holz-
bänken, auf denen die kleinen Bürger saßen
mit ihrem Glas Bier und der sonntäglichen Vir-
ginia. Der Anblick lockte mich.❞

Wo Rentner sich als „Tod" ein paar Schillinge dazuverdienen:
die Grottenbahn

Die Uhr rückt vor, die ersten Lokale leeren
sich, die Prater-Unterwelt rüstet sich für die
kommende Nacht:

❞❞ Das Gedränge war inzwischen lockerer
geworden unter den Bäumen, die schwarz in
den Himmel überfluteten, es drängte und
quirlte nicht mehr so dicht und strömend in
den Lichtkreis der Karussells, sondern
schwirrte nur schattenhaft mehr am äußersten
Rande des Platzes. Eine andere Art Gesichter
tauchte jetzt auf: Die Kinder mit ihren Ballons

und Papierkoriandolis waren schon nach Hause
gegangen, auch die breit-hinrollenden sonntäglichen Familien hatten sich verzogen. Nun sah
man schon Betrunkene johlen, verlotterte Burschen mit lungerndem und doch suchendem
Gang sich aus den Seitenalleen vorschie-
ben. 🙶

Die Lockungen des Vergnügungsparks sind seit
Stefan Zweigs Tagen greller, bombastischer
und vor allem „technischer" geworden: Loo-
pingbahn und Weltraumstation werben um
Klientel. Aber auch das gemütliche alte Karussell, in dessen Schatten der Dichter seinen
Protagonisten in einer Art Trance verweilen
läßt, finden wir nach wie vor, und sollte es eine
Zeitlang außer Dienst gestellt gewesen sein, so
hat ihm die Nostalgiewelle ein neues Existenz-
recht verschafft, von dem auch die Kinder der
Disco-Generation gerne Gebrauch machen:

🙷 Ich weiß, es wäre wahnwitzig, jemandem schildern oder gar erklären zu wollen, daß
ich, ein kultivierter eleganter Mann der Gesellschaft, reich, unabhängig, mit den Besten einer
Millionenstadt befreundet, eine ganze Stunde in
jener Nacht am Pfosten eines verstimmt quie-
kenden, rastlos sich schwingenden Praterka-

„Karusselle meiner Kindheit":
Pratervergnügen in den zwanziger Jahren

russells stand, zwanzig-, vierzig-, hundertmal
dieselbe stolpernde Polka, denselben schleifen-
den Walzer mit denselben idiotischen Pferde-
köpfen aus bemaltem Holz an mir vorüberkreisen
ließ und aus verbissenem Trotz, aus einem
magischen Gefühl, das Schicksal in meinen
Willen zu zwingen, nicht mich von der Stelle
rührte.
Neben mir setzte dröhnend das Orchestrion des
Karussells wieder ein. Es war die letzte Runde,
die letzte Fanfare des kreisenden Lichts in das
Dunkel hinaus, ehe der Sonntag in die dumpfe
Woche verging. Aber niemand kam mehr, leer
rannten die Pferde in ihrem irrsinnigen Kreis,
schon scharrte und zählte an der Kasse die
übermüdete Frau die Losung des Tages zusam-
men, und der Laufbursche kam mit den Haken,
bereit, nach dieser letzten Runde knatternd die
Rolläden über die Bude herabzulassen.““

Der Übergang vom harmlosen Rummelplatz-
amüsement zu „jener nächtigen Welt" der
„Ärmsten und Ausgestoßensten", die „ihren
abgebrauchten, geschändeten Körper" jedem
„für ein kleines Silberstück irgendwo im Dunkel
auftaten, umspürt von der Polizei, getrieben
von Hunger oder irgendeinem Strolch", ist
heute weniger fließend als anno dazumal. Auch
hat der allgemeine Wohlstand das Bild stark

„Krachende Kraftmesser und kollernde Lustschreie“:
der Watschenmann

verändert: Die Prostituierte, die in unseren
Tagen dem Baron Friedrich Michael von R. ihre
Dienste anböte, trüge die neueste Tanga-Mode,
wäre Stammkundin in einem Kosmetiksalon
und führe in der weißen Corvette vor:

❞ Sie schob sich langsam her, ganz nah
sah ich sie unter dem gesenkten Blick: ein
kleines, verkrüppeltes, rachitisches Wesen
ohne Hut, mit einem geschmacklos aufgeputz-
ten Fähnchen von Kleid, unter dem abgetragene
Ballschuhe vorlugten, das Ganze wohl allmählich bei Hökerinnen oder einem Trödler zusam-
mengekauft und seitdem verscheuert, zerdrückt
vom Regen oder irgendwo bei einem schmutzigen Abenteuer im Gras. ❝

Auch das Revier der Praterdirnen ist mittlerweile ein anderes: Es hat sich mehr zum Messegelände hin verlagert. Umso freier und unge-
nierter können wir uns am Originalschauplatz
der „Phantastischen Nacht" umsehen. Wir verlassen den Volksprater durch den Nordausgang
an der Ausstellungsstraße in Höhe der Straßen-
bahnhaltestelle Venediger Au, überqueren die
Fahrbahn und betreten zu unserer Linken einen
heute von Kinderspielplätzen dominierten Park,
in dem bis zum Jahr 1920 jenes „Zirkus" ge-

„Nächtige Welt":
Praterdirne der gehobenen Kategorie (um 1900)

nannte Gebäude stand, hinter dessen in Finsternis getauchte Rückseite sich Stefan Zweigs Novellenheld locken läßt. 1882 als „Panorama" errichtet, bot das sechzehneckige, 2600 Personen fassende Unternehmen den unterschiedlichsten Darbietungen Raum; in den Jahren vor dem Ersten Weltkrieg konnte sogar ein Max Reinhardt hier seine berühmten „Ödipus"- und „Jedermann"-Inszenierungen zeigen. 1920 wurde es in ein Kino umgewandelt, um nach 1945, nun von Bomben beschädigt, abgetragen zu werden.

99 Der unsichtbare Pakt war geschlossen. Nun ging sie voraus über den dämmerigen Platz, von Zeit zu Zeit sich umwendend, ob ich ihr nachkäme... Dann sagte sie, in die Verlängerung der Gasse deutend, die schwarz wie eine Bergwerksschlucht war: „Gehn wir dort hinüber. Hinter dem Zirkus ist es ganz dunkel." Wir überquerten eine matt erleuchtete Straße und traten in ein kleines Gehölz, wo wuchtige Baumkronen ein dumpfes, übelriechendes Dunkel fest zusammenhielten. 66

Die Zuhälter, die es auf Erpressung des unvorsichtigen Klienten anlegen, hätten heute wohl kein so leichtes Spiel mehr:

„Unsichtbarer Pakt":
Treffpunkt Panorama (um 1800)

❞❞ Mit einer Hellsichtigkeit, der nichts
entging, merkte ich, daß rückwärts am Saum
des überquerten Pfades schattenhaft uns etwas
nachglitt, und mir war es, als hörte ich einen
schleichenden Schritt. Und plötzlich – wie ein
Blitz eine Landschaft prasselnd weiß über-
springt – ahnte, wußte ich alles: daß ich hier
in eine Falle gelockt werden sollte, daß die Zuhälter dieser Hure hinter uns lauerten und sie
mich im Dunkel an eine verabredete Stelle
zog, wo ich ihre Beute werden sollte.
Noch war es Zeit, zu entkommen, die Haupt-
straße mußte nahe sein, denn ich hörte die elek-
trische Tramway dort auf den Schienen rattern,
ein Schrei, ein Pfiff konnte Leute herbeirufen:

Aber seltsam – obwohl ich mit allen meinen Nerven die Gefahr witterte, sie mit meinen Sinnen, meinem Verstand klarsichtig begriff, ging ich trotzdem weiter hinein in das Gehölz am Arm dieser schmutzigen Praterdirne, die mich körperlich mehr abstieß als lockte. 66

Auf dem kurzen Wegstück vom Praterausgang zum Verkehrsknotenpunkt Praterstern, wo uns U-Bahn oder Straßenbahn aufnehmen und ins Stadtinnere zurückbringen, kann es sein, daß ein fliegender Händler mit uns ins Geschäft zu kommen versucht: Zuwanderer aus der Dritten Welt, die sich mit dem Verkauf billigen Schmucks über Wasser zu halten, oder „Touristen" aus den ehemaligen Ostblockstaaten, die sich mit heimatlichem Zollschmuggelgut zu sanieren trachten. Hier hätte die Spendier-freudigkeit unseres Helden, den sein betrüge-rischer Wettgewinn zum Wohltäter läutert, ein überreiches Betätigungsfeld:

99 Am Ausgang des Praters neben einem Wagenstandplatz sah ich eine Hökerin, müde, gebückt über ihren kleinen Kram. Bäckereien hatte sie, überschimmelt von Staub, und ein paar Früchte, seit Morgen saß sie wohl so da, gebückt über die paar Heller, und die Müdigkeit

knickte sie ein. Warum sollst du dich nicht
auch freuen, dachte ich, wenn ich mich freue?
Ich nahm ein kleines Stück Zuckerbrot und
legte ihr einen Schein hin. Sie wollte eilfertig
wechseln, aber schon ging ich weiter und sah
nur, wie sie erschrak vor Glück...❞

Reservation
am Rande
des täglichen Lebens

Will unser Wien-Bummler den Programmpunkt
Prater nicht exterritorial angehen, sondern in
Verschränkung mit dem auf der anderen Seite
des Donaukanals gelegenen Nachbarbezirk
Landstraße, so ist er mit einem Doderer-
Spaziergang am besten bedient: Hier kommt
auch das Grenzerlebnis der Übergänge und
Kontraste eindrucksvoll ins Spiel.
Wir starten (zu Fuß) bei der Straßenbahnhalte-
stelle Radetzkyplatz. Von hier ist es nur wenige
Schritte zu der unscheinbaren Adamsgasse, in
der Josef Chwostik, Kanzleichef in der Wiener
Filiale der englischen Landwirtschaftsmaschi-
nen-Fabrik Clayton & Powers und eine der
Hauptfiguren in Heimito von Doderers Spät-
werk „Die Wasserfälle von Slunj", domiziliert.
Erst auf dem Gipfel seiner Karriere wird der
aus kleinen Verhältnissen sich emporarbei-
tende kaufmännische Angestellte mit dem

„zwar nicht priesterlichen, aber doch mesner-
oder küsterhaften Zug" und dem „immer glei-
chen, abgegriffenen himbeer-roten Maschin-
schlips von trüber Farbe" ein besseres Logis
beziehen. Urteile wie das des Firmenanwalts
Dr. Eptinger, der am anderen Ufer des Donaukanals wohnt („Eine schöne Gegend ist das ja
nicht!"), läßt er unwidersprochen: „Zufrieden
bin ich dort nicht." Noch keine fünfundzwanzig
Jahre alt, verliert Chwostik in rascher Folge
Vater und Mutter; das einzige, was die beiden
dem Sohn hinterlassen, ist die Wohnung in der
Adamsgasse „mit den einigermaßen greulichen
Möbeln" und der kupplerisch-aufdringlichen
Frau Wewerka, ihres Zeichens Hausmeisterin:
ein „troglodytisches Knollengewächs, das aus
der Hüfte hinkte". Es ist ein (bei Doderer)
anrüchiges Stück Vorstadtstraße mit nicht
mehr als zweiunddreißig Hausnummern, heute
vor allem stark mit Gastarbeiterquartieren
durchsetzt:

99 Wenn die Dunkelheit hereingebrochen
war, erschienen in der schwach beleuchteten
Adamsgasse (war dieser Name nun ominös
oder nicht?) auf dem Gehsteig vereinzelte
Flecken, Gestalten, die stationär blieben oder
sich in der Nähe eines Haustores nur wenig hin
und her bewegten, teils auch unter oder vor

demselben standen im geringen Schein einer
Gaslaterne. Somit konnten diese Frauen nicht
als Passantinnen gelten, und das wollten sie
auch keineswegs. Einzelne Passanten jedoch
wurden von ihnen angesprochen. Jede hatte in
einem der Häuser ein Zimmer, wo dann ein-
schlagenden Falles was passierte (die Hausmeisterin kassierte hierauf beim Weggehen des
Gastes das Sperrgeld ebenso wie beim Kommen, also stets zweimal, und freilich weit mehr
als von einer „soliden Partei"). Entscheidend
wird nun aber – und allein dieser Umstand ist
es, welcher unser Interesse erwecken kann! –,
daß jene Häuser eben keineswegs zur Gänze
den angedeuteten Zwecken dienten (es gab ja
auch nie mehr als höchstens vier bis fünf
Nicht-Passantinnen in der Gasse), sondern von
Arbeitern, Angestellten, Pensionisten und
Trafikanten und deren Familien bewohnt waren,
wie andere Häuser dieser sehr modesten Gegend auch. Solche Mieter traten den Frauen ein
Zimmer ab, nicht zum Wohnen, sondern für den
gewerblichen Zweck.
Die Menschen in den großen Städten waren damals sehr arm. Gab es keinen genügend sepa-
rierten Zugang für den in Frage kommenden
Raum – meist war es der beste in der Wohnung –, dann mußte ein solcher Zugang oft auf
komplizierte Weise geschaffen werden. Es ent-
standen ganze abgeschlossene Gänge, schmale

Gänge zwischen an gespannten Stricken befestigten alten Teppichen, Bettdecken oder Bettlaken, und solche Gänge führten oft mitten durch ein Zimmer, es in zwei Räume teilend, und leiteten so zur Türe des Empfangsraumes der betreffenden Dame. Die Besucher, hinter ihr dreingehend, fast immer ernsten Gesichts, sahen durch die Behänge und Vorhänge die Petroleumlampen der sozusagen rechtmäßigen Bewohner gedämpft scheinen und rochen deren warmen Dunst, will sagen, sowohl den der Bewohner wie der Lampen. Es soll hier nicht untersucht und festgestellt, sondern nur als immerhin möglich oder denkbar ins Auge gefaßt werden, daß bei den durch die Behänge scheinenden Lampen Schulkinder späte Aufgaben machten.

Chwostik hatte selbst zwei solche Weiber in der Wohnung, allda tätig Nacht für Nacht. Ohne Behänge, Laken oder Vorhänge allerdings, weil die Zimmer vom Vorraume aus (dort brannte die ganze Nacht eine Petroleumlampe) direkt und jedes für sich zugänglich waren. Das geräumige Kabinett, auf welches er sich zurückgezogen hatte, lag mitten in der Wohnung zwischen den zwei in Benützung stehenden Zimmern. So trennte Chwostik die Liebeslager. Des Kabinettes Flügeltüren nach beiden Seiten waren freilich versperrt, verhängt, ja, verstellt mit Möbelstücken.❝❝

„Grausliche Zierate":
die Rotunde

Wir haben die Adamsgasse von der Viadukt-
gasse her betreten; dort fährt in dichter Folge
die Schnellbahn vorbei – zum Wienerwaldvorort
Hütteldorf in der einen Richtung, zum Verkehrsknotenpunkt Praterstern in der anderen:

99 Morgens um halb sechs rollte ein
Güterzug langsam auf die Brücke hinaus, deren
schmaler Strich hier hoch über dem sogenannten Donau-Kanal (einst der Hauptstrom) stand:
alsbald gleichsam verdickt durch den Zug,
waagrecht besäumt von weißen Watteballen

ausgestoßenen Dampfes. An einer bestimmten
Stelle, bevor die Maschine sich dunkel auf die
Brücke hinausschob, pfiff sie. Chwostik hörte
es jetzt im Sommer täglich. Seine Fenster standen offen. Er war um diese Zeit längst auf. Es
war seine einzige freie Zeit geworden während
des ersten Jahres bei Clayton & Powers.
Mr. Clayton hielt einen allzufrühen Arbeitsbe-
ginn in der Kanzlei für unnötig. Ihm genügte
es völlig, wenn die Angestellten um halb neun
erschienen. Nur die Putzfrauen mußten um
sieben Uhr da sein, um gründlich zu lüften und
sauber zu machen. Chwostik ließ jeden Morgen
im Sommer frühzeitig die ihm wenig liebe
Behausung hinter sich und ging spazieren.
Meistens kurz nach sechs, wenn die Wewerka
eben das Haustor aufsperrte. Freundliche Be-
grüßung: „So zeitlich schon, Herr Chwostik?"
Fast jedesmal.
Fünf Uhr dreißig also fuhr der Zug über die
Brücke und weiter auf dem Viadukt gegen den
sogenannten Praterstern zu.❝❝

Wir durchschreiten die Adamsgasse bis zu
ihrem Ende, wenden uns sodann nach rechts in
die Krieglergasse, vorbei an parkplatzsuchen-
den Touristen, die das in nächster Nähe befind-
liche Hundertwasserhaus, eine der meistfre-
quentierten Sehenswürdigkeiten des neuen

„Sättigung an Gerüchen“:
Limonadenfrau und Gefrorenenmann (1932)

Wien, umlagern, biegen links in die Löwen-
gasse ein und machen bei der Blütengasse
einen Abstecher in die dort einmündende
Stammgasse: Hier (und das ist der Grund,
warum Heimito von Doderer wichtige Ab-
schnitte des Romans in diesem Viertel ansie-
delt) steht das Elternhaus des Dichters. Bis
zum 32. Lebensjahr (also bis 1928), so besagt
die Gedenktafel, hat der Sohn des Baurats Wil-
helm Ritter von Doderer im dritten Stock des
Hauses Stammgasse Nr. 12 gewohnt; in der nahen Kundmanngasse (damals Sophienbrücken-
gasse) hat er das Gymnasium besucht.
Dort angelangt, kreuzen wir die Wege einer

zweiten Romanfigur aus den „Wasserfällen von Slunj": Zdenko von Chlamatsch, Freund des Fabrikanten Donald Clayton und typischer Vertreter der Wiener „Jeunesse dorée" um die Jahrhundertwende, kehrt auf dem Weg in den Prater im Café Zartl ein, und da das heimelige Lokal nicht nur nach wie vor in Betrieb ist, sondern sich auch seiner literarischen Vergangenheit bewußt ist und rühmt, tun wir desgleichen, suchen uns einen Platz und bestellen beim Ober eine Schale Mokka und ein Mohnbeugerl; Tageszeitungen und Illustrierte bringt er uns unaufgefordert an den Marmortisch.

99 Er verließ bald das Café und wandte sich nach rechts, gegen die Brücke und den Donaukanal zu. Hier, an der dunklen Lände entlang gehend unter den irdischen Sternzeichen der weit ausgespannten Lichter da und dort ... erhob sich, gesammelt wie noch nie, dieses Nachmittages eigentliche Farbe, und in äußerster Reinheit: ein blitzendes Blau, ein elektrisches Blau, ein fauchender Funke ... 66

Am Kanalufer angelangt, dem Übergang vom 3. zum 2. und also zum Praterbezirk, überlassen wir uns wieder der Führung des uns schon

Polka und Fünfkreuzertanz:
Prater-Damenkapelle, um 1905

vertrauten Kanzleichefs Josef Chwostik, der, in
weiblicher Begleitung, die Rotundenbrücke
(damals noch Sophienbrücke) überquert, in ge-
rader Richtung durch die Wittelsbachstraße
geht, die Rustenschacherallee (im Roman noch
Prinzenallee) kreuzt und sich ins Wald- und
Wiesengrün der Praterauen treiben läßt:

    ❝ Sie folgten der breiten Straße jenseits
der Brücke, überschritten die Prinzenallee
(links lag die Villa Clayton) und folgten der
Straßenbahn, die sich in's Grüne fortsetzte,
auf einem selbständigen Bahnkörper, und also

keine Straßenbahn mehr war. Sie lief links
vom Wege und hinter einem Gitter.
Es war nicht einsam hier. Den schönen Abend
benützten viele, sie strömten in den Prater
oder von dort zurück. Monica bedauerte es,
daß heute ein Samstag sei, und die da und
dort schon geöffneten Praterlokale sicher alle
voll wären (Chwostik hatte vorgeschlagen,
irgendwo zu essen). Sie sagte, das wäre sehr
schön, aber sie fürchte die Gegenwart von vielen Menschen. Wenn man allein sitzen könnte!
In Abgeschlossenheit. Die suche sie jetzt. Es
sei ihr heute nachmittags schon fast zu viel gewesen. Er brachte auf die harmloseste Art
heraus – und nur, weil er ihr in jeder Weise
gefällig sein wollte! – wenn sie beliebe, bei ihm
einen kleinen Imbiß zu nehmen, nach diesem
Spaziergang, es wäre ihm die größte Ehre! Er
wohne ja in der Nähe. „Das machen wir, Herr
Direktor!" sagte sie sogleich. „Haben Sie was
zu Hause?" „O ja", sagte er, „alles Nötige."❞

Für uns Literaturspaziergänger gilt Direktor
Chwostiks Einladung in seine Wohnung selbst-
verständlich nicht: Wir bleiben, wo wir sind,
und wenden uns, ein paar Schritte zurück und
rechter Hand in die Rustenschacherallee ein-
biegend, jenem Areal zu, wo wir uns inmitten
einer Reihe nach wie vor ansehnlicher Villen

„Versumpfender Wasserarm":
Wintersport am Heustadelwasser

den Besitz der Romanhauptfigur Donald Clayton zu denken haben:

99 Hier bildete allezeit des Praters damp-
fende Au den eigentlichen Hintergrund seines
Seins, ein Sumpf- und Busch- und Forstgebiet
am Rande des täglichen Lebens, eine Art
Reservation, in die man doch nur sehr teilweise
eindrang. Sie begann gleich rund um die Villa.
Eigentlich schon hinter dem Tennisplatz, wel-
chen Bob Clayton hatte anlegen lassen. Er war
von hohen Netzen umgeben. Denn schwerlich
hätte man einen verflogenen Ball im dichten
Wuchs der Gebüsche wiedergefunden. Der

nachbarliche Grund war noch unverbaut. Vom Tennisplatze gegen das Haus und seine rückwärtige Terrasse zu, auf welcher die bunten Strecksessel standen, zog sich eine einzige und unzerteilte Fläche kurz gehaltenen Rasens.❝❝

Vor allem die Spätsommermorgen der Praterlandschaft haben es Donald Clayton angetan:

❞❞ Die Kraft der Sonne hob aus der profunden Feuchte dieser Wald- und Wiesengründe einen vom Aushauch wuchernden Gewächses erfüllten Dunst, der nicht Nebel genannt werden könnte, und doch, wo immer der Sonnenschein sich auf den Boden, auf Baumkronen und Wiesengründe legte, seine Strahlen milchig milderte. Es begann dies schon im Garten und vor dem Hause, auf den Promenade-Wegen längs der Prinzenallee. Es ging diese Aura für Donald eine merkwürdige Verbindung ein mit dem Dufte des zum Frühstück genossenen Tees, aber auch mit dem herben Geruch der Gerberlohe auf den Reitbahnen. Es war wie der Anhauch von einer geheimnisvollen Appetitlichkeit und Reinheit höherer Ordnung, möchte man fast sagen. Und am stärksten konnte das gefühlt werden in der sogenannten Krieau, auf den weiten Wiesen, wo die Golfplätze lagen.❝❝

„Reflexe der gesteigerten Erregung":
die Krieau

Die Krieau – ein Praterareal, um dessen Besitz
die Stadt Wien und das Stift Klosterneuburg
siebzig Jahre lang prozessiert haben, was ihm
den Namen „Streitau" bzw. „Kriegsau" (und in
weiterer Folge „Krieau") eintrug – gibt es in
dieser Form nicht mehr, seitdem die üppigen
Auwälder dem Bau der Trabrennbahn, des Sta-
dions und des Stadionbades weichen mußten.
Und die Golfplätze, wo Clayton dem „nachdenk-
lichen und besonnenen" Spiel des (wie er es
nennt) „Wiesenbillards" frönt, liegen heute weiter oben, gleich hinterm Lusthaus, welches den
Abschluß der Hauptallee bildet. Auch die berühmte Meierei Krieau, jenes vornehme Garten-

lokal, wo einst an schönen Sommertagen bis zu
hundert Equipagen auf die Gäste warteten,
wurde 1931 geschleift. Für unsere Rast müssen
wir uns also – je nach Gusto – eine andere
Lokalität suchen (aber daran ist ringsum kein
Mangel):

99 Nach geendetem Spiel setzte man noch
den Akzent eines behaglichen Kaffeetrinkens in
der nahe gelegenen Meierei. Die Kellnerin mit
der weißen Schürze kam geschwinde über den
Kies, die Sonne des Spätsommers lag auf den
Tischen. Hier war sozusagen die Grenze des
offiziellen, des zivilisierten Praters für Donald:
dahinter die in sich zurücklaufende und wie un-
endliche Au, mit Bruch und Sumpf, mit Busch-
wald und den riesenhaften alten Bäumen. Man
spürte hier tief im Innern das sonore Fließen
der Zeit, eben dadurch, daß sie gemachsamer
ging, nicht vorüber schoß und flitzte. Man war
nicht der Stunden Raub, man besaß sie, hier im
Kaffeegarten, mit dem dahinten schon sich
abendlich rötenden Himmel und den davor hoch
hinauf ästelnden Wipfeln der Bäume. 66

Für Josef Chwostik ist der Prater nicht – wie
sonst für die Wiener – Vergnügungsstätte und
Ausflugsziel, sondern fester Bestandteil des

„Nach geendetem Spiel":
Einkehr im Kaffeehaus

täglichen Lebens: Auslauf auf dem Weg ins
Bureau. Ihm folgend, peilen wir nun die
4,5 Kilometer lange, in schnurgerader Achse
das riesige Areal „halbierende" Hauptallee an:

99 Die Auen lagen leer. Es gab Leute, die
ähnliche Gewohnheiten hatten wie Chwostik
und sich vor dem Tagesbeginn Bewegung machten: nur in nobilitierter Weise; auf den Reitbahnen, links und rechts der Hauptallee, spritzte
die herb duftende Gerberlohe in rötlichen Brok-
ken unter dem Hufschlag. 66

Vereinzelten Reitern, die hier ihrem Sport frönen, begegnen wir auch heute noch; sogar der Bootsverleih beim sogenannten Heustadelwasser, das, ein toter Donauarm, zu unserer Rechten insektenreich dahindöst, ist an sommerlichen Wochenenden unverändert in Betrieb:

99 Die „Hauptallee" im Prater läuft zwischen ihren Kastanienbäumen pfeilgerade vom Praterstern bis zum sogenannten „Lusthaus": ein lang ausgezogenes Perspektiv, ein optischer Kanonenschuss in's Weite.
Rechts zog sich eine breite Wasserfläche zwischen die alten und schwindelnd hohen Bäume des Auwalds hinein. Hier hätte Chwostik nun seinerseits den Morgenspaziergang nobilitieren können, wenn schon nicht kavalleristisch, so doch nautisch. Aber der Bootsmann schlief freilich noch. Die bunten Schiffchen lagen gereiht am leeren Stege. Eine leichte Milchigkeit verschleierte die Morgenluft. Sättigung an Gerüchen: links der Allee entließ der hier versumpfende Wasserarm kühlen Dunst; auf den Reitbahnen lag die Gerberlohe; allenthalben in der Luft aber stand noch der Aushauch von so vielem wuchernden Gewächs während einer ganzen Sommernacht. Schon legte sich auf die weithin gedehnten Wiesen des Tages Sonnenlast und wuchs zu getürmter Hitze.66

„Schwatzende Papageien aus dem vorigen Jahrhundert":
das Lusthaus

Sind wir gut zu Fuß (und brauchen nicht auf
einen der den Prater durchquerenden Busse
zurückzugreifen), so folgen wir, nur von Spaziergängern, Joggern, Radfahrern und Reitern
begleitet, der Hauptallee bis zum Lusthaus, wo
wir im näheren Umkreis, Rast und Labung su-
chend, zwischen Nobelrestaurant und Gulasch-
hütte, zwischen Waldgasthaus und Würstel-
stand wählen können.

99 Trat man in die Mitte der breiten Fahrbahn, dann sah man mit dem perspektivischen

Schuß ganz am Ende den gelben Fleck des
„Lusthauses".
Ein Barock-Pavillon. Er enthielt zahllose
schwatzende Papageien. Vielleicht stammten
auch sie noch aus dem vorigen Jahrhundert.❞

Setzen wir vom Lusthaus unsere Wanderung in
die Rennbahnstraße fort, so sehen wir nach
wenigen Schritten zu unserer Linken den Eingang zum Golfklub; seine schon zu Mister Claytons Zeiten nachlassende Exklusivität hat sich
mittlerweile – wie auch anderwärts – weiter
reduziert, ohne deswegen seine traditionelle
Nebenfunktion als Beziehungsanknüpfungs-
punkt aufzugeben:

❝ Der Golfplatz hat Claytons in Wien
mancherlei gesellige und gesellschaftliche An-
schlüsse vermittelt..., vornehmlich in den
großbürgerlichen Kreisen der Industrie. Der
hohe Adel, die sogenannte „erste Gesellschaft"
erschien freilich nicht in solch einem bourgeoi-
sen Club. Abgesehen davon, daß die Wiener Gesellschaft – die „erste", die „zweite" (das hohe
Beamtentum) und die „dritte" (die Unternehmer
und Industriellen) – sich niemals gegen Fremde
mit einer chinesischen Mauer umgeben hat,

etwa wie in den patrizischen einstmaligen Hanse-Städten des Nordens, kam den Claytons damals einfach der Umstand zu gute, daß sie Engländer waren (nicht einmal durchaus typische), denn damals hatte die englische Lebensart längst begonnen, in vielen kleinen Gerinnseln überall einzudringen und den Kontinent zu durchsetzen.❞

Auch dem ergebensten Doderer-Fan ist nicht zuzumuten, daß er den weiten Rückweg vom Lusthaus zum Vergnügungsareal des Volkspraters zu Fuß zurücklegt – hier wird er in einen der Busse steigen, die die 4,5-Kilometer-Strecke in wenigen Minuten bewältigen. Daß ihm auf diese Weise „jener seltsam künstlich anmutende Berg, den man Konstantinhügel nennt" vorenthalten bleibt, kann er verschmerzen: Der anno 1871 mit Blick auf die bevorstehende Weltausstellung angelegte Kahnteich ist zum verschmutzten Ententümpel verkommen, das den Hügel krönende Nobelrestaurant einem verwilderten Kinderspielplatz gewichen. Was geblieben ist, sind – wenn auch um manche Nuance vulgärer und „technischer" – die Geräusche der nunmehr zum Greifen nahen Rummelplatzwelt der „Ringelspiele" (Karussells) und „Hutschen" (Schiffschaukeln), der Schießbuden und „Werkel" (Drehorgeln), der Spiegelkabinette und Liliputbahnen, der Flipperhallen und Sexshows, der Schnitzelwirte und Salzgurkenverkäufer. Die wienerische Variante des Kasperls, der „Wurstel" (der dem heutigen „Volksprater" seinen früheren Namen „Wurstelprater" gab), hat seit langem den Dienst quittiert, die heutige Prater-Klientel spricht auf gröbere Reize an; ein Hauch von „Circus Roncalli" (der ja in Wien seinen Ursprung hat) würde dem Prater guttun, ihn bei denen, die ihn heute meiden, rehabilitieren.

99 Noch war der Prater nicht sommerlichwimmelnd ganz erwacht wie in der heißen Zeit, wenn in den großen Caféhausgärten an der Hauptallee die Militärkapellen konzertierten, über eine Mauer von Zaungästen hinweg vernehmbar, und am Fahrdamm ein Corso von Fiakern und Equipagen dahinzog. Automobile waren vor fünfzig Jahren dort noch garnicht zugelassen. Spaziergänger gab es jetzt wohl mehr und mehr, und vom Wurstelprater hörte man bereits vereinzelte Orgeltöne der Carrousels; und über den Baumkuppeln stand schon etwas von jenem milchigen Lichtnebel, der bei vollem Gange der Sachen dort hoch hinauf scheint und die Sterne vertreibt. 66

„Jener seltsam künstlich anmutende Berg":
der Konstantinhügel mit seinem Restaurant

Wer sich also streng an Doderer hält, streift den Volksprater nur, dringt nicht in sein lärmendes Getümmel ein. Und damit sich der Kreis schließt, überlassen wir die Führung nun wieder dem Kanzleichef Josef Chwostik, der sich auf seinen morgendlichen Spaziergängen vor Dienstbeginn stets nur den Randzonen des Praters nähert, und verlassen die Hauptallee linker Hand durch die Kurzbauergasse, bis wir auf die den Donaukanal säumende Schüttelstraße stoßen:

99 Des Chwostik Morgen-Spaziergänge erstreckten sich, wie schon erwähnt wurde, nicht nur durch die Wiesenpläne und Buschwälder im Prater, sondern auch durch die Gassen, teils weithin durch die Gassen, teils hier in der Nähe. Eine lange, schon großenteils verbaute Zeile lief ein Stück fast parallel mit dem Flusse, der hier allerdings einen weiten und flachen Bogen schlug. Chwostik sah das blasse Morgenlicht an die gestreckte weißgekalkte Häuserfront gelehnt und einzelne hochgelegene Fenster von der Morgensonne bereits leuchtend angesprochen. Freilich, nicht jeder Morgen war klar. Zudem gab es schattige Fenster. In solchen stand und lag auch jetzt im Sommer dies und das zur Aufbewahrung. Etwa Milchflaschen. Chwostik kannte das Fenster eines Zim-

„Geheimnisvolle Appetitlichkeit":
das Nobellokal Eisvogel (1891)

mers im ersten Stock des Eckhauses, wo er im
Vorbeigehen manchen Wechsel zu beobachten
vermochte (später einmal im Jahr, am 6. Dezember, dem St. Nikolaustage, standen kleine
Schuhe auf dem Fensterkissen, in welche offen-
bar der Beschützer aller braven Kinder was
Gutes hineingetan hatte, es sah oben mit rotem
gekrausten Seidenpapier heraus). 🙶

Diesen idyllischen Brückenschlag vom 2. zum
3. Bezirk gibt es mittlerweile nicht mehr, und
so bleiben wir, wo wir sind: auf der Schüttel-

straße, wenden uns nach links und gehen die
Donaukanallände entlang bis zu der kurzen
Tiergartenstraße, deren Name uns daran erinnert, daß hier, wo sich heute Sportstätten der
verschiedensten Disziplinen ausbreiten, bis
zum Jahr 1901 ein Etablissement bestanden
hat, das auf spektakuläre, jährlich wechselnde
ethnographische Schaustellungen spezialisiert
war. Das ist Josef Chwostiks Revier:

99 Chwostik ging keineswegs immer nur
in den Prater. Er ging auch durch die Gassen.
Die damalige Verbauung der Ufergegend war
nun freilich lange noch nicht so vollständig, wie
es in den nächsten zwei Jahrzehnten wurde.
Aber es gab schon Straßenzüge mit – damals
eben – neuen Häusern. Sie zeigen heute noch,
sofern man die Fassaden nicht geändert hat,
recht grausliche Zierate. 66

An solchen architektonischen Gründerzeit-
Kuriositäten können wir uns nach wie vor
reichlich ergötzen. Nur das „Innenleben“ dieser
hochaufragenden Häuser bleibt uns, seitdem
man fast lückenlos zu permanenter Haustor-
sperre und zur Installierung von Gegensprech-
anlagen übergegangen ist, verschlossen. Die
kunstvollen „Tableaux“, die an der Hausflur-

wand über Identität und Türnummer der einzelnen Parteien Auskunft geben (und die auch Chwostik, als er dem hier wohnhaften Firmenanwalt Dr. Eptinger seine Aufwartung macht, zur Orientierung dienen), zählen heute zu den begehrtesten Fundstücken auf den Wiener Flohmärkten.

Eines der schönsten, wahrhaft herrschaftlichen Exemplare, mit Klingelknöpfen ausgestattet und mit Sprechrohr zu den einzelnen Wohnungen, wird in der Doderer-Gedenkstätte, die dem Bezirksmuseum Alsergrund attachiert ist, aufbewahrt. Es stammt von 1890 und hat jahrzehntelang im Elternhaus des Dichters in der Stammgasse seinen Dienst getan.

Suchen wir, auf halber Strecke zwischen Franzensbrücke und Rotundenbrücke (etwa dort, wo auf der gegenüberliegenden Kanalseite die bizarren Formen und grellen Farben des „Kunsthauses Wien", einer zweiten Hundertwasser-Kreation, das graue Einerlei der Häuserzeile aufreißen), die Uferböschung nach Besonderheiten ab, so stoßen wir auf die Überreste eines schmalen Treppchens, das noch vor wenigen Jahren zur Anlegestelle einer Personenfähre führte:

99 Hier gab es eine Seilfähre über den Fluß, und sie war noch in Betrieb, trotz der

eingebrochenen Dunkelheit. Ein einsames Licht strahlte. Sie schritten die Treppen zum Wasser hinab.

Mit diesem Hinuntergehen schied man aus den Zusammenhängen der Straße und des festen Landes aus, ja, damit allein schon, daß man nun gewillt war, über den ziehenden Fluß zu fahren, daß man die Schritte auf die Uferböschung zu lenkte. Chwostik, der diese Fähre durch viele Jahre und oft benützt hatte, wenn er hinüber in den Prater wollte, empfand das jedesmal noch so, wenn auch in abgekürzter Weise, durch die Wiederholung.

Es standen schon Wartende unten auf der kleinen Landungsbrücke, als welche eine Art verankerter Ponton diente. Hier spaltete der Fluß die Stadtlandschaft auf, und mit ihm drang die Ferne ein, aus welcher er kam, und eröffnete einen Bogen von vereinzelten Lichtern in der Dunkelheit. Als der Kahn herüber geglitten war und seine wenigen Fahrgäste entlassen hatte, schritt man drei Stufen in's Schiff hinab und bezahlte zehn Heller. Schon hatte sich das Fahrzeug abgelöst, der Spalt wurde breit, rückwärts stand der Fährmann und regulierte den Gang der Sache ein wenig mit dem Steuer. Die Seilrolle, die auf einer über den Fluß gespannten Trosse lief, vermochte man jetzt im Dunklen garnicht zu sehen. Das Wasser war nah, und und rasch ziehend. Schon legte man drüben an. 66

Für zehn Heller über den Fluß:
Seilfähre am Donaukanal

Bildnachweis

Seite 8: Prater-Panorama. Photographie, Anfang
20. Jahrhundert (Archiv Christian Brandstätter,
Wien)

Seite 9: Im Volksprater. Zeichnung von Hans Schliess-
mann (aus: „Die österreichisch-ungarische Mon-
archie in Wort und Bild"). (Österreichisches
Zirkus- und Clownmuseum, Wien)

Seite 10: Eingang zum Prater. Photographie, zwanziger
Jahre (Archiv Christian Brandstätter, Wien)

Seite 15: Praterschaukeln. Kol. Lithographie, Anfang
19. Jahrhundert (Historisches Museum der Stadt
Wien)

Seite 17: Die Jägerzeile. Kol. Lithographie, Anfang
19. Jahrhundert (Historisches Museum der Stadt
Wien)

Seite 19: Der Nordbahnhof. Photographie, Anfang
20. Jahrhundert (Archiv Christian Brandstätter,
Wien)

Seite 20: Eingang in den Prater. In den Deckel einer Kas-
sette eingelassenes Bild von Balthasar Wigand,
Anfang 19. Jahrhundert (Österreichische Nationalbibliothek, Bildarchiv)

Seite 21: Tagora, der Feuerschlucker (Österreichisches
Zirkus- und Clownmuseum, Wien)

Seite 23: Der Wurstelprater. Kol. Stich, um 1840 (Historisches Museum der Stadt Wien)

Seite 25: Gasthaus zum weißen Ochsen. Photographie,
Mitte 19. Jahrhundert (Historisches Museum der
Stadt Wien)

Seite 27: Das 3. Kaffeehaus im Prater. Photographie, Ende
19. Jahrhundert (Archiv Christian Brandstätter,
Wien)

Seite 28: Volkssänger im Prater. Lithographie, Anfang
19. Jahrhundert (Österreichische Nationalbibliothek, Bildarchiv)

Seite 30: Ausflügler. Photographie, um 1900 (Österreichische Nationalbibliothek, Bildarchiv)

Quellennachweis

Verlag und Autor danken den folgenden Verlagen bzw.
Personen für die Erteilung von Abdruckrechten der angeführ-
ten Schriftsteller:

Heimito von Doderer: © Biederstein Verlag, München
Graham Greene: © Paul Zsolnay Verlag Gesellschaft m.b.H.,
    Wien/Hamburg 1962 und 1990
Ernst Hinterberger: © Ernst Hinterberger, Wien
Felix Salten: © Lea Wyler, Benglen/Schweiz
Stefan Zweig: aus „Gesammelte Werke in Einzelbänden:
    Phantastische Nacht". Herausgegeben von Knut Beck. Erst-
    mals aufgenommen in „Amok. Novellen einer Leiden-
    schaft". Leipzig, Insel Verlag 1922. © 1982 S. Fischer
    Verlag GmbH, Frankfurt am Main.